마음을 바꾸면

인생이 바뀐다

마음을 바꾸면 인생이 바뀐다

지은이 | 정의호
초판 발행 | 2017. 12
개정판 발행 | 2019. 7. 1
지은이 | 정의호
펴낸곳 | 그열매
출판등록 | 2003년 4월 15일
등록번호 | 제145호
등록된 곳 | (12772)경기도 광주시 오포읍 태재로 119
전화 | 031-711-0191
팩스 | 031-713-0149
E-mail | joyfulchurchkorea@gmail.com

책값은 뒤표지에 있습니다.

마음을 바꾸면
인생이 바뀐다

정의호 지음

그 열매

● 프롤로그　6

●
Part 1

첫 번째 마음 밭

길가 같은 마음 밭 ··· 13

●
Part 2

두 번째 마음 밭

돌과 같은 마음 밭 ··· 45

●

Part 3

세 번째 마음 밭

가시 같은 마음 밭 ·· 79

─────

●

Part 4

네 번째 마음 밭

좋은 마음 밭 ··· 111

● 프롤로그

옛말에 "열 길 물속은 알아도 한 길 사람 속은 모른다"
는 말이 있습니다. 사람의 속마음을 아는 것이 그만큼 어렵
다는 뜻입니다. 그래서 어떤 부부는 오랫동안 함께 살아왔는
데도 여전히 서로 알다가도 모르겠다는 말을 하기도 합니다.

그 뿐만 아니라 자신의 마음을 자기도 모르는 경우가 많습니다. 하루에도 몇 번이나 마음이 요동치는 때도 있고, 매번 결심하지만 마음먹은 대로 되지 않는 경우도 허다하며, 자기도 그러고 싶지 않는데 본 마음과 반대로 행하는 경우도 많기 때문입니다.

그래서 성경은 "모든 지킬 만한 것 중에 더욱 네 마음을 지키라"고 합니다(잠언 4:23). 우리의 생명의 근원이 마음에서 나오기 때문입니다. 그러므로 영적 생명을 지키기 위해서는 먼저 마음을 지켜야 합니다. 마귀가 생명을 빼앗기 위해 마음을 공격하기 때문입니다.

마귀는 우리가 잠자는 사이에 몰래 우리 마음에 나쁜 가라지를 뿌려놓습니다. 마치 병균이 몸 안에 몰래 침투해 들어와 생명을 해치는 것과 같습니다. 그러므로 건강한 몸을 위해 건강 검진을 하듯이 건강한 신앙을 위해 영적인 진단이 필요합니다. 건강을 해치는 문제의 원인을 알아야 적합한 치료를 할 수 있기 때문입니다.

몸이 좋지 않으면 식욕이 사라지고, 기운도 없어지면서 삶에 의욕을 잃어버리는, 무기력 증상이 나타납니다. 이와 같

이 신앙생활에서도 자신의 영적 상태가 좋지 않으면 말씀에
대한 사모함이 없어지면서 영혼이 곤고해지고 삶이 무기력해
지는 현상이 나타납니다. 그러면 예배드리는 것이 귀찮게 여
겨지고, 기도하는 것도 힘들어 집니다. 주님을 위해 사는 것
자체가 무거운 짐처럼 느껴지게 됩니다.

그러나 겉으로 나타나는 이러한 현상만으로는 정확한 원
인을 알 수 없습니다. 외관상 징후가 나타날 때는 이미 병
이 심각하게 진행되었다는 사실만을 알 수 있을 뿐입니다. 그
래서 눈에 보이지 않는 정확한 원인을 알기 위해서는 CT나
MRI 등의 정밀검사를 해야 합니다.

이와 같이 자신의 신앙 문제는 자기 스스로 알지 못하는
것이 많습니다. 우리 영혼의 문제를 진단하기 위해서는 하나
님의 말씀으로 정밀하게 검사해 보아야 합니다. 우리 마음을
하나님의 말씀으로 비춰볼 때 성령의 빛에 의해 우리 안의 모
든 실제들이 다 촬영되어 나타나기 때문입니다.

히브리서 4:12
하나님의 말씀은 살아 있고 활력이 있어
좌우에 날선 어떤 검보다도 예리하여
혼과 영과 및 관절과 골수를 찔러 쪼개기까지 하며
또 마음의 생각과 뜻을 판단하나니

예수님은 우리의 마음 상태를 진단할 수 있는 방법을 말씀해주셨습니다. 그것은 마음의 열매로 판별하는 것입니다. 건강한 마음은 많은 열매를 맺는 반면, 문제가 있는 마음은 열매를 맺지 못합니다. 또한 마음의 건강 수준도 그 열매로 측정할 수 있습니다. 하나님의 말씀에 대해 반응하는 정도에 따라 마음의 열매의 크기가 '0 - 30 - 60 - 100'과 같은 차이를 보이기 때문입니다.

예수님은 마음의 열매가 맺히지 않는 원인과 그 치유 방법을 자연의 원리를 통해 자세히 설명해 주셨습니다. 이 말씀은 우리 신앙에 열매가 맺히지 않는 원인과 치유 방법에 대한 것입니다.

농부가 아무리 열심히 씨를 뿌려도 그 밭이 좋지 않으면 곡식을 수확할 수 없습니다. 이처럼 하나님께서 아무리 좋은 말씀을 전해주셔도 우리의 마음 밭이 좋지 않으면 열매를 거둘 수 없습니다. 이 말씀을 통해 자기 마음의 영적 상태를 점검해 볼 수 있기 바랍니다. 그래서 열매 없는 자신의 신앙 문제를 해결하여 열매 맺는 풍성한 삶을 살 수 있기를 기대합니다.

마음을 바꾸면 인생이 바뀐다

A HEART LIKE
A PATH

길가 같은 마음 밭

마태복음 13:3
예수께서 비유로 여러 가지를 그들에게 말씀하여 이르시되
씨를 뿌리는 자가 뿌리러 나가서

마태복음 13:4
뿌릴새 더러는 길 가에 떨어지매
새들이 와서 먹어버렸고

마태복음 13:19
아무나 천국 말씀을 듣고 깨닫지 못할 때는
악한 자가 와서 그 마음에 뿌려진 것을 빼앗나니
이는 곧 길 가에 뿌려진 자요

첫 번째 마음 밭

길가 같은 마음 밭

농부가 봄에 씨를 뿌리는 목적은 가을에 많은 열매를 거두기 위한 것입니다. 한 해 동안 열심히 씨를 뿌리`고 농사를 지었는데도 추수 때가 되어 거둘 것이 없다면, 그 동안 기울였던 노력이 헛수고가 될 것입니다.

마음을 바꾸면 인생이 바뀐다

고등학생이 대학 입시를 위해 3년간 수고하며 공부를 하였는데 거기에 합당한 성적이 나오지 않는다면 매우 허탈할 것입니다. 어떤 사업가가 한 해 동안 밤잠도 자지 않고 열심히 일을 했는데 연말 결산을 했을 때, 수익이 마이너스라면 그의 수고는 헛된 것입니다. 아무리 열심히 살아도 열매가 없는 삶은 결국 자기 인생을 낭비한 것입니다.

이는 신앙생활에서도 마찬가지입니다. 한 해 동안 주일예배도 성실하게 드리고, 교회도 열심히 섬기고, 하나님의 일을 충성스럽게 감당하며 신앙생활을 잘했는데도 영적 성장과 변화의 열매가 없다면, 그동안 해온 자기 신앙이 옳다고 할 만한 아무 근거가 없습니다. 이런 사람은 신앙을 더 열심히 하려고 하기 전에 왜 영적 성장과 변화의 열매가 없는지를 먼저 살펴보아야 합니다.

예수님은 마태복음 13장에서 이 문제를 다루고 계십니다. 마태복음 13장에는 하나님 나라의 특성에 대한 여러 가지 비유가 나오는데, 그중의 하나가 '씨 뿌리는 자의 비유'입니다. 예수님은 그 비유를 통해 하나님 나라에서 열매 맺는 신앙의 방법에 대해 말씀하십니다.

여기서 씨는 하나님의 말씀이고, 씨가 뿌려지는 밭은 우리의 마음입니다. 예수님께서는 우리의 마음 밭에 똑같은 말씀의 씨가 뿌려지지만 열매를 맺지 못하는 마음 밭이 훨씬 더 많다는 것을 강조합니다. 예수님은 하나님의 말씀에 다양하게 반응하는 마음 밭을 네 가지로 구분하셨는데, 그 중에서 열매 맺는 마음 밭은 하나뿐입니다. 나머지 세 가지의 마음 밭은 말씀의 씨가 뿌려져도 열매를 맺지 못합니다. 그 까닭은 말씀인 씨에 문제가 있는 것이 아니라 말씀이 뿌려진 마음 밭에 문제가 있기 때문입니다.

이것은 오늘날 우리의 신앙생활에서 나타나는 실제 현상입니다. 똑같은 하나님의 말씀을 듣고도 그 말씀에 합당한 열매를 맺는 사람은 한 사람뿐이고, 다른 세 사람은 열매 없는 삶을 삽니다. 이는 하나님의 말씀을 전하는 예수님이 보시기에 매우 안타까운 일입니다. 똑같은 조건에서 같은 말씀을 듣는데도 변화의 열매가 없는 사람들이 사분의 삼이나 되기 때문입니다. 그럼에도 불구하고 사람들이 그것을 가볍게 생각하기 때문에 예수님은 안타까운 심정으로 씨 뿌리는 자의 비유를 말씀하십니다.

마음을 바꾸면 인생이 바뀐다

열매 맺지 못하는 원인

예수님이 뿌리시는 씨는 생명력이 있는 좋은 씨입니다. 좋은 밭에서는 좋은 열매가 맺히는 것이 그것을 증명합니다. 그러므로 예수님의 말씀에는 아무 문제가 없습니다. 예수님이 뿌리시는 하나님의 말씀은 항상 살아 있고, 활력이 있어서 그것을 믿음으로 듣는 사람의 마음 밭은 반드시 열매를 맺습니다.

히브리서 4:12
하나님의 말씀은 살아 있고 활력이 있어
좌우에 날선 어떤 검보다도 예리하여
혼과 영과 및 관절과 골수를 찔러 쪼개기까지 하며
또 마음의 생각과 뜻을 판단하나니

항상 살아 있는 하나님의 말씀은 우리의 영, 혼, 육의 모든 부분을 고치고, 치유하여 변화시키는 능력이 있습니다. 예수님 안에서 변화된 그리스도인들은 모두 하나님의 말씀을 믿음으로 듣고 순종한 결과 그렇게 된 것입니다.

매국노와 같은 세리가 변화되어 사도가 되고, 일곱 귀신 들린 여인이 변화되어 주님의 충성된 일꾼이 되는 것은 자기에게 들리는 하나님의 말씀을 믿음으로 받은 결과로 나타나는 열매입니다.

그러므로 살아 있고 활력 있는 하나님의 말씀을 듣고도 열매를 맺지 못한다면, 말씀을 받는 그 사람의 마음 밭에 문제가 있는 것입니다. 정상적인 마음 밭이라면, 하나님의 말씀이 뿌려지면 반드시 열매를 맺기 마련입니다. 만약 하나님의 말씀이 뿌려졌는데도 열매를 맺지 못한다면, 그 마음 밭은 문제가 있는 마음 밭입니다.

좋은 마음 밭을 가진 사람에게 하나님의 말씀이 주어지면 좋은 열매가 맺히는 것은 지극히 자연스러운 현상입니다. 그런 사람에게 구원의 말씀이 전해지면 구원의 열매가 맺히고, 회개의 말씀이 전해지면 회개의 열매가 맺히며, 기도의 말씀이 전해지면 기도의 열매가 맺힙니다. 또한 용서의 말씀이 전해지면 그 사람에게서 용서의 역사가 일어나는 것이 정상입니다. 아무리 좋은 말씀이 전해져도 그와 같은 변화의 열매가 없다는 것은 그 마음 밭에 문제가 있기 때문입니다.

예수님은 말씀의 씨가 뿌려졌을 때 나타나는 각 사람의 마음 상태를 네 가지로 구분하셨습니다. 길가 밭과 돌 밭, 가시 밭, 좋은 밭이 그것입니다. 예수님은 네 가지 마음 밭을 통해 열매 맺지 못하는 원인에 대해 자세히 말씀하십니다. 자기 마음 밭의 문제를 파악해서 좋은 밭으로 변화되어 풍성한 열매를 맺는 것이 예수님의 마음입니다.

예수님께서 첫 번째로 말씀하신 마음 밭은 길가 같은 마음 밭입니다. 이 밭이 열매를 맺지 못하는 데는 그만한 이유가 있습니다.

굳은 마음

길가 밭의 특징은 딱딱하게 굳어 있다는 것입니다. 길가의 흙도 원래는 부드러운 흙이었습니다. 하지만 어떤 상황에 의해서 딱딱하게 굳어졌습니다.

땅에 뿌려진 씨가 열매를 맺기 위해서는 그 씨가 흙 속에 심겨야 합니다. 그런데 길가 밭은 땅이 딱딱하게 굳어 있기에 씨를 뿌려도 씨가 흙 속에 심기지 못합니다. 땅이 씨를 받아들이지 못하므로 씨가 땅 위에 노출된 상태로 방치됩니다. 이렇게 딱딱한 마음을 가진 사람은 말씀을 들어도 그 말씀이 자기 마음 밭에 심기지 않습니다.

길가의 땅이 딱딱하게 굳어진 데는 그만한 이유가 있습니다. 농촌에서 지름길을 가기 위해서 사람들이 밭 한가운데를 가로질러 다니다 보면 사람들이 밟고 다닌 그 땅은 금방 굳어집니다. 처음에 한두 번 밟을 때는 그렇게 딱딱해지지 않습니다. 하지만 많은 사람들이 계속해서 그 땅을 밟고 다니면 결국 그 땅은 딱딱해집니다. 여러 사람들이 많이 밟을수록 더 딱딱하게 굳어집니다.

마음을 바꾸면 인생이 바뀐다

부드러웠던 땅을 여러 사람들이 많이 밟으면 딱딱하게 되듯이 우리의 마음도 그렇게 딱딱해집니다. 처음에는 순진하고 겸손했던 부드러운 마음도 세상의 여러 사람들로부터 상처를 받고 많은 사건들을 겪으면서 점점 굳어집니다. 또한 세상의 다양한 지식과 문화를 받아들이다 보면 어느새 자기도 모르게 마음이 완고해집니다. 세상의 가치관과 지식들, 인본주의적인 이론이 우리 마음을 굳게하기 때문입니다. 그래서 세상의 문화와 전통에 매인 사람일수록 그 마음이 완고합니다. 완고해진 마음은 하나님의 말씀을 받아들이지 못한 채 그 말씀을 대적하고 배척하는 반응을 보입니다.

로마서 8:7
육신의 생각은 하나님과 원수가 되나니
이는 하나님의 법에 굴복하지 아니할 뿐 아니라 할 수도 없음이라

세상적인 생각은 하나님과 원수가 되기 때문에 우리를 하나님의 말씀에 굴복하지 못하게 합니다. 일상생활을 하는 동안 자신도 모르는 사이에 인터넷과 미디어를 통해 수많은 세

상의 이론과 지식이 우리 마음을 밟고 지나갑니다. 어릴 때부터 가정에서 교육받은 인본주의적인 도덕률과 전통, 학교에서 배운 진화론과 같은 철학과 사상이 우리 마음을 굳어지게 합니다. 또한 생각 없이 보는 TV 드라마나 영화의 내용들, 인터넷 검색으로 알게 된 정보들, 세상 사람들에 의해 선정된 베스트셀러 책을 통해 습득한 세상 사람들의 말과 지식이 계속 우리 마음을 밟고 지나갑니다. 하나님으로부터 오지 않은 세상적인 생각들은 모두 이 세상 어둠의 세력으로부터 온 것이므로 우리 마음을 완고하게 만듭니다.

이렇게 굳어진 마음에 하나님의 말씀의 씨가 뿌려지면 그 안에 뿌리내린 세상적인 이론들이 말씀을 배척합니다. 이 세상에 속한 것들은 하나님과 원수가 되기 때문입니다. 그래서 하나님의 말씀이 마음에 심기지 못한 채 마음 밖에 방치됩니다.

갈라디아서 5:17
육체의 소욕은 성령을 거스르고
성령은 육체를 거스르나니
이 둘이 서로 대적함으로
너희가 원하는 것을 하지 못하게 하려 함이니라

신앙이 어려워지는 이유는 우리가 이 세상으로부터 받은 육체의 소욕을 따라 살기 때문입니다. 이 세상이 주는 것들이 우리의 마음을 강퍅하게 만들어 하나님이 원하는 것을 하지 못하게 가로막습니다. 그 굳어진 마음이 우리 안에 하나님의 말씀을 받아들이지 못하게 합니다.

이 세상에 속한 것 중에 가장 강한 것이 종교적인 지식과 전통입니다. 서기관과 바리새인 같은 종교인들이 예수님의 말씀을 받아들이지 못하는 것은 그들의 신앙 기초가 하나님의 말씀보다 사람이 만든 전통과 율법적인 규범에 있기 때문입니다. 하나님을 사랑하지 않는 사람들은 하나님의 말씀보다 사람들이 만든 전통과 법칙을 더 중요시 합니다.

어느 안식일에 예수님께서 회당에 들어가셨을 때 그곳에 한 손 마른 병자가 있었습니다(마가복음 3:1–5). 사람들이 예수님을 고발할 목적으로 그 병자를 그곳에 불러놓은 것입니다. 예수님께서는 그런 의도를 아심에도 그를 불쌍히 여기시고 그의 병을 고쳐주셨습니다. 그때 굳은 마음을 가진 바리새인들이 예수님을 죽이려 했습니다. 상식적으로 평생 동안 한 손 마른 질병으로 고통당한 사람을 아무 대가 없이 치유해준 것을 감사하며, 하나님께 영광 돌려야 마땅할 것입니다. 그러나 바리새인들은 그런 선한 일을 오히려 악하게 보았습니다. 안식일에 대해 그들이 정해놓은 종교적인 전통과 맞지 않았기 때문입니다. 그들이 정해놓은 율법, 교리와 전통이 그들의 마음을 완고하게 했습니다.

또 어느 날 예수님께서 눈 멀고, 말 못하는 사람을 고쳐주신 사건이 있었습니다(마태복음 12:22-30). 예수님은 그 사람의 눈과 입을 잡고 있었던 악한 귀신을 쫓아내심으로 보지 못하던 눈이 보게 되고, 말 못하던 입이 말을 하게 되는 놀라운 일을 행하셨습니다. 그때 그것을 본 무리들이 다 예수님을 다윗의 자손인 메시야로 믿었습니다. 그러나 그 말을 들은 바리새인들은 오히려 귀신의 왕 바알세불을 힘입어 귀신을 쫓아냈다고 예수님을 비난했습니다. 그들이 정해놓은 종교적인 전통과 규범이 예수님이 하시는 일을 받아들일 수 없게 한 것입니다.

이런 일은 하나님에 대한 사랑이 없는 형식적인 종교가 얼마나 사람의 마음을 완고하게 하는가를 잘 보여줍니다.

마태복음 15:1

그 때에 바리새인과 서기관들이
예루살렘으로부터 예수께 나아와 이르되

마태복음 15:2

당신의 제자들이 어찌하여
장로들의 전통을 범하나이까
떡 먹을 때에 손을 씻지 아니하나이다

마태복음 15:3

대답하여 이르시되
너희는 어찌하여 너희의 전통으로
하나님의 계명을 범하느냐

어느 날 예수님의 제자들이 음식을 먹을 때 손을 씻지
않는 것을 바리새인들과 서기관들이 보고 제자들을 비난했
습니다. 그들은 장로들의 전통을 어긴 것을 문제 삼았습니다.
종교인들의 눈은 늘 다른 사람이 잘못하는 것에만 초점이 맞
추어져 있습니다. 결코 다른 사람이 잘하는 것이나 선한 것
을 칭찬하거나 격려하는 법이 없습니다. 사실 율법에 음식 규
례에 대한 하나님의 말씀은 있어도 음식 먹을 때 손을 씻는
규례는 없습니다. 종교인들이 자기 기준으로 세운 전통일 뿐

입니다. 그것이 사람이 보기에 좋은 제도처럼 보이기는 합니다. 그러나 그것이 하나님의 말씀보다 더 중시될 때 사람이 만든 전통으로 오히려 하나님의 계명을 거스르는 죄를 짓게 됩니다.

종교인들은 하나님을 사랑하지 않기 때문에 하나님의 말씀보다 사람의 전통을 더 중요시 했습니다. 그런 사람은 더 큰 하나님의 말씀은 아무런 양심의 가책없이 어기면서도 사람이 정한 하루살이 같은 규칙은 엄격하게 지키려 합니다. 그래서 예수님은 그들이 가지고 있는 문제의 핵심을 지적해 주셨습니다. "너희는 어찌하여 너희의 전통으로 하나님의 계명을 범하느냐"(마태복음 15:3). 이와 같이 인본주의적인 전통에 매이면 그 마음이 완고해져서 하나님의 말씀을 대적하게 됩니다.

오랫동안 우상을 섬긴 사람이나 어떤 죄에 깊이 빠져있는 사람, 그리고 형식적인 종교생활을 하는 사람들의 특징은 그 마음이 완고하여 굳어있다는 것입니다. 하나님의 말씀보다 세상의 지식, 인터넷 등 미디어를 통한 세상 정보에 노출된 사람일수록 마음이 굳어있어 하나님의 말씀을 받아들이는 것이 어렵습니다.

그런 사람은 자기에게 하나님이 무슨 말씀을 하셔도 그것에 대해서 받아들이지 않을 충분한 이유와 그에 대해 변명할 이론을 가지고 있습니다. 그것이 사단이 우리 마음을 잡고 있는 강한 이론의 진지입니다.

그러나 이런 사람도 하나님의 말씀으로 변화 받을 수 있습니다. 그동안 자기 안에 형성된 굳어진 전통, 규범과 같은 생각의 틀을 주님의 말씀으로 부인하고 깨뜨리면 됩니다.

그러므로 하나님의 말씀을 받고자 한다면 먼저 자기 이론과 생각을 내려놓고 하나님 앞에 자신을 미련한 자로 여기는 겸손한 자세를 가져야 합니다. 나 자신을 지혜로운 자로 알기에 하나님의 말씀을 판단하고 받아들이지 못하기 때문입니다.

고린도전서 1:20
지혜 있는 자가 어디 있느냐
선비가 어디 있느냐 이 세대에 변론가가 어디 있느냐
하나님께서 이 세상의 지혜를 미련하게 하신 것이 아니냐

고린도전서 1:21
하나님의 지혜에 있어서는
이 세상이 자기 지혜로 하나님을 알지 못하므로
하나님께서 전도의 미련한 것으로
믿는 자들을 구원하시기를 기뻐하셨도다

길가 같은 마음 밭을 가진 사람이 열매를 맺지 못하는 이유는 세상의 지혜로는 하나님을 알지 못하기 때문입니다. 그런 사람은 하나님이 내신 유일한 구원 방법인 하나님의 복음을 전하는 전도를 미련하게 생각합니다. 하지만 하나님께서는 오히려 그런 사람이 아는 세상의 지혜를 미련하게 만듭니다.

말씀을 빼앗김

길가 같은 마음 밭이 열매를 맺지 못하는 또 다른 이유는 하나님의 말씀이 전해져도 그것을 마음에 지키지 못하고 빼앗겨 버리기 때문입니다. 딱딱한 길가에 뿌려진 씨앗은 흙 속에 묻히지 못하고 땅 위에 노출되므로 씨를 뿌리는 즉시 새들이 와서 먹어버립니다. 하루 종일 먹을 것을 찾기 위해 날아다니는 새들은 먹을 것을 찾는 데 전문가입니다. 새들은 먹을 것이 어디에 있는지 잘 압니다. 그래서 길가 밭 주위에는 항상 새들이 먼저 알고 진치고 있습니다. 여기서 새는 하나님의 말씀을 빼앗아 가는 마귀입니다. 즉 길가 같은 마음 밭은 아무리 귀한 하나님의 말씀이 전해져도 그 말씀이 마음에 들어가지 못해서 말씀이 전해지는 즉시 마귀에게 빼앗겨 버립니다.

베드로전서 5:8
근신하라 깨어라
너희 대적 마귀가 우는 사자 같이 두루 다니며
삼킬 자를 찾나니

마음이 완고한 사람의 주위에는 마귀들이 항상 진치고 있습니다. 마귀는 어떤 사람의 마음이 완고한지를 잘 알기 때문입니다. 그래서 하나님의 말씀을 듣지 못하는 사람은 계속 못 듣습니다. 하나님의 말씀이 선포될 때 잡생각이 나고, 졸리고, 머리가 아프기도 하고, 심지어 마음 속에서 그 말씀을 거스르는 분노가 일어나기도 합니다. 그러다가 말씀 선포가 끝나면 언제 그랬냐는 듯이 정신이 다시 맑게 돌아옵니다. 예배 때 그렇게 깊이 졸던 사람이 예배 후에는 멀쩡한 정신으로 깨어납니다. 하나님의 말씀을 듣지 못하는 것은 육체적인 문제가 아니라 영적인 문제이기 때문입니다. 육신이 피곤해서 하나님의 말씀을 못 듣는 것이 아니라 마음이 완고해서 하나님의 말씀을 못 듣는 것입니다.

누가복음 8:12
길 가에 있다는 것은 말씀을 들은 자니
이에 마귀가 가서
그들이 믿어 구원을 얻지 못하게 하려고
말씀을 그 마음에서 빼앗는 것이요

길가 같은 마음 밭을 가진 사람이 하나님의 말씀을 듣는다 해도 그 사람 주위에 진치고 있는 마귀들이 말씀의 열매를 맺지 못하도록 그 말씀을 빼앗습니다. 예수님에 대한 말씀을 들으면 예수님이 믿어지고, 회개의 말씀을 들으면 회개하는 것이 자연스러운 것입니다. 하나님의 말씀을 통해 그 사람이 구원받는 것을 마귀가 잘 압니다. 그래서 마귀는 먼저 선수를 쳐서 마음 밭에 뿌려진 하나님의 말씀을 빼앗아 갑니다. 그 결과 예수님에 대한 말씀을 들어도 예수님이 믿어지지 않고, 회개의 말씀을 들어도 회개하지 못하는 것입니다. 치유의 말씀을 들어도 치유되지 않고, 용서의 말씀을 들어도 용서하지 않는 이유도 그 때문입니다. 이렇게 마귀는 하나님의 말씀을 빼앗아 그 사람이 구원을 얻지 못하게 합니다. 이것이 길가와 같이 마음이 완고한 사람의 심각한 문제입니다.

마음이 완고한 사람에게는 먹을 것이 있기 때문에 마귀가 항상 그 사람을 따라다니며 에워쌉니다. 그러므로 그 사람 주위는 말씀이 들어갈 틈이 없이 막혀있습니다. 하나님의 말씀을 듣고자 할 때 마귀의 많은 방해들이 있습니다. 예기치 못한 상황과 주위 사람을 통해 방해를 하고, 부정적인 자기 생각을 통해 방해를 받습니다. 그래서 마음이 완고한 사람의 얼굴은 항상 어둡고 삶이 형통하지 못하며 작은 사건에도 넘어지는 일이 많습니다. 그 사람 주위에 마귀가 진치고 있기 때문입니다.

이와 반대로 여호와를 경외하는 의로운 사람 주위에는

하나님이 보내신 천사들이 진치고 있습니다. 그래서 그들이
모든 방해를 막아서는 일을 합니다.

시편 34:7
여호와의 천사가 주를 경외하는 자를
둘러 진 치고 그들을 건지시는도다

주를 경외하는 사람의 삶이 항상 형통하고 은혜가 있는
이유는 하나님의 천사들이 그 사람을 보호하고 있기 때문입
니다. 그런 사람은 그의 천사가 지키고 있기 때문에 악한 자
가 해치지 못합니다.

그러나 마음이 완고한 사람은 아무리 좋은 하나님의 말
씀을 들어도 마귀에게 금방 빼앗겨 버리기 때문에 그 마음에
말씀이 남아 있지 않습니다. 예배시간에 방금 들은 말씀인데
도 예배가 끝나고 나면 어떤 말씀인지조차 생각나지 않습니
다. 자기에게 꼭 필요한 하나님의 말씀이 전해지는데도 그것
을 전혀 깨닫지 못합니다. 그래서 마음이 완고한 사람은 하나
님의 말씀을 들어도 그 말씀과 상관없이 삽니다. 기도의 말

씀을 들어도 기도하지 못하는 삶을 살고, 남을 용서하라는 말씀을 듣고도 태연하게 남을 정죄하는 일을 합니다. 그 마음에 하나님의 말씀이 없기 때문입니다.

성경에서는 우리 마음 밭에 뿌려진 하나님의 말씀이 열매를 맺지 못하면 심각한 문제가 따른다고 말씀합니다. 단지 말씀을 들을 때 졸아서 못 듣는 것으로 끝나는 문제가 아닙니다. 하나님의 생명의 말씀을 듣고도 그에 합당한 열매를 맺지 못하는 사람에게는 저주와 심판이 있다는 것을 하나님께서 경고하십니다.

히브리서 6:7
땅이 그 위에 자주 내리는 비를 흡수하여
밭 가는 자들이 쓰기에 합당한 채소를 내면
하나님께 복을 받고

히브리서 6:8
만일 가시와 엉겅퀴를 내면
버림을 당하고 저주함에 가까워
그 마지막은 불사름이 되리라

우리가 하나님의 말씀을 듣고 그에 합당한 열매를 맺으면 하나님께서 주시는 복을 받습니다. 이것이 하나님이 우리에게 말씀을 주시는 목적입니다. 그러나 동일한 하나님의 말씀을 듣고도 그에 대해 열매를 맺지 못한 채 가시와 엉겅퀴를 내면 하나님께 버림을 당합니다. 저주를 받고 결국에는 불에 던져지는 인생이 됩니다.

마태복음 7:19
아름다운 열매를 맺지 아니하는 나무마다
찍혀 불에 던져지느니라

하나님은 우리에게 말씀을 주시는 그때부터 그 말씀에 대한 우리의 반응을 계산하십니다. 아름다운 열매를 맺지 못하는 나무마다 찍혀 불에 던져지듯이 하나님의 말씀에 대한 합당한 열매를 맺지 못하는 자는 하나님의 심판을 피할 수 없습니다.

하나님은 우리에게 매일 말씀을 주시며, 주일마다 예배를 통해 말씀을 주십니다. 하나님이 말씀을 주실 때는 그 목적과 이유가 있습니다. 하나님은 아무 계획 없이 하나님의 말씀을 주시는 것이 아니라 말씀에 합당한 열매를 요구하십니다. 열매는 말씀을 받는 자가 마땅히 감당해야 할 책임입니다. 하나님은 많이 준 자에게 많이 요구하시고, 적게 준 자에게는 적게 요구하십니다. 한 해 동안 많은 말씀을 들어도 그에 합당한 열매가 없는 것은 하나님 앞에 심각한 문제가 됩니다.

이것을 아는 마귀가 우리 마음을 완고하게 하여 말씀을 빼앗아갑니다. 그러므로 우리는 마음을 완고하게 하지 않으려면 마귀와의 싸움에서 이겨야 합니다.

히브리서 3:15
성경에 일렀으되
오늘 너희가 그의 음성을 듣거든
격노하시게 하던 것 같이
너희 마음을 완고하게 하지 말라 하였으니

성경은 하나님의 음성을 들을 때 우리 마음을 완고하게 하지 말라고 말씀합니다. 하나님께서 이런 말씀을 하시는 이유는 하나님의 말씀이 전해질 때 사람들의 마음이 완고해지는 일이 많기 때문입니다. 평상시에는 마음이 부드러운 사람도 하나님의 말씀이 전해지면 평소와 다른 의외의 모습을 보이기도 합니다.

평상시 TV를 보거나 세상 일을 할 때는 부드럽던 사람이 하나님의 말씀이 있는 예배에만 오면 전혀 다른 완고한 모습을 보입니다. 이렇게 마음이 완고해지는 이유는 말씀을 받지 못하도록 미리 사단이 방해하기 때문입니다.

해결 방법

예수님은 길가 같이 굳은 마음 밭이 열매를 맺지 못하는 근본 원인을 알려주십니다. 예수님은 우리가 그 원인을 잘 알고 자기 문제를 해결 받아 좋은 마음 밭으로 열매 맺는 삶을 살기를 원하십니다. 비록 지금까지는 열매 없는 삶을 살았다 해도 이제부터는 열매 맺는 삶으로 변화되기 원한다면, 길가 같이 굳은 마음 밭을 좋은 밭으로 바꾸어야 합니다.

회개

길가 밭이 좋은 밭이 되기 위해서는 먼저 자기 죄를 회개해야 합니다. 아무리 부드러운 밭도 겨울 내내 방치하면 딱딱하게 굳어집니다. 그래서 농부는 봄이 되면 딱딱하게 굳은 흙을 쟁기로 갈아서 그 밭을 다시 부드럽게 만듭니다. 그렇게 해야 씨를 뿌릴 수 있기 때문입니다. 이와 같이 길가처럼 딱딱하게 굳어진 땅에 씨를 심기 위해서는 곡괭이나 포크레인으로 먼저 그 땅을 깨뜨려 부드럽게 만들어야 합니다.

호세아 10:12
너희가 자기를 위하여 공의를 심고 인애를 거두라
너희 묵은 땅을 기경하라 지금이 곧 여호와를 찾을 때니
마침내 여호와께서 오사 공의를 비처럼 너희에게 내리시리라

하나님의 말씀을 듣기 전에 먼저 길가처럼 준비되지 않은 자신의 완고한 마음을 갈아엎어야 합니다. 자기 안에서 굳어진 세상의 이론과 생각의 틀을 깨뜨려야 합니다. 그렇게 해야 마음 밭이 부드러워져서 하나님의 말씀을 받을 수 있습니다.

마음이 굳어지는 원인은 우리가 짓는 죄 때문입니다. 죄를 짓는 자는 마귀에게 속하게 되어 마귀가 우리 마음을 완고하게 합니다. 그러므로 사람의 마음이 완고하여 강퍅해지는 것은 그 사람이 은밀한 죄를 짓고 있다는 것을 나타냅니다.

예로 결혼한 남자가 밖에서 죄를 지으면 그 마음이 완고해집니다. 그러면 평상시와 다르게 아내에게 짜증내고, 아이들에게 혈기를 내면서 보통 때와 달리 마음이 완고한 모습을 보입니다. 그런 완고한 행동이 그가 죄를 짓고 마귀에 속했다는 표시입니다. 그래서 그런 사람에게 가장 먼저 나오는 반응은 교회 안 간다는 말입니다. 교회 가자는 말을 하지도 않았는데 교회 안 간다는 말을 가장 먼저 합니다. 마귀가 죄를 통해 마음을 강퍅하게 하는 목적이 하나님의 말씀을 듣지 못하게 하는 데 있기 때문입니다.

그러므로 완고한 마음을 깨뜨리기 위해서는 먼저 자기 죄를 회개해야 됩니다. 죄가 회개되면 그 마음에 묶인 모든 굳은 것이 풀어지면서 부드럽게 변합니다. 이것이 회개의 능력입니다. 죄가 없는 마음은 성령님이 다스리시기 때문에 마음이 부드러워집니다.

우리 몸에 동맥경화증이 생기면 온 몸이 굳어지듯이 죄는 우리 영혼을 굳어지게 만듭니다. 하지만 회개하면 혈액순환이 풀리는 것처럼 영혼에 회복이 일어납니다.

이제 묵은 땅을 기경하고 새로운 삶을 시작해야 할 때입니다. 자기 마음을 굳히고 사는 것은 지옥 같은 삶이 될 뿐입니다. 그러한 삶은 지나간 때로 족한 줄 알고 새로운 삶에 도전하기 바랍니다.

성령의 능력

굳은 마음 밭을 바꾸는 또 다른 방법은 성령의 능력을 의지하는 것입니다. 포크레인으로도 깨뜨리기 힘들 정도로 굳어진 땅은 다른 방법이 필요합니다. 그것은 그 땅에 장대같은 소낙비가 내림으로 굳은 땅이 풀어지는 것입니다. 아무리 굳은 땅도 하나님이 내리시는 장대비 앞에는 진흙탕처럼 녹아질 수밖에 없습니다.

그러므로 사람의 힘으로 깨뜨릴 수 없는 완고한 마음은

오직 하나님이 부으시는 성령의 불로 깨뜨려져야 합니다. 자기도 감당하지 못할 정도로 마음이 굳은 사람은 금식하며 작정하고 기도하여 성령의 불을 받을 때 강한 옛 사람의 근성이 한 순간에 깨뜨려집니다.

에스겔 36:26
또 새 영을 너희 속에 두고 새 마음을 너희에게 주되
너희 육신에서 굳은 마음을 제거하고
부드러운 마음을 줄 것이며

우리 안에 성령의 비가 내리면 우리의 굳은 마음이 부드럽게 풀어집니다. 이것이 마귀의 일을 멸하시는 성령의 능력입니다. 그동안 마귀가 우리의 마음을 강퍅하게 했을지라도, 성령의 은혜가 임하면 모든 악한 세력이 소멸되고, 우리의 마음이 부드럽게 변화됩니다.

자기의 강한 마음이 변화되기 원한다면 애통한 마음으로 기도하여 죄를 회개하고 성령 충만을 받으면 됩니다. 자기 인생에 영적인 열매가 맺히길 원한다면 마음을 깨뜨리는 값 지불과 옛 사람을 십자가에 못 박는 결단이 필요합니다.

이 세상에서 하나님의 말씀을 듣고 천국으로 초청을 받은 사람은 많습니다. 그러나 끝까지 말씀에 순종하여 하나님 나라에 택함을 받는 사람은 매우 적습니다.

말씀을 듣는 사람은 많지만 그에 대한 열매를 맺는 사람이 적기 때문입니다. 천국은 마지막 때 주님이 주시는 열매를 맺는 자만 들어가는 곳입니다.

마태복음 3:12
손에 키를 들고 자기의 타작 마당을 정하게 하사
알곡은 모아 곳간에 들이고
쭉정이는 꺼지지 않는 불에 태우시리라

지금이 바로 은혜 받을 때입니다. 굳은 마음을 깨뜨리고 좋은 밭이 되어서 30배, 60배, 100배의 열매 맺는 신앙을 해야 할 때입니다. 지금도 하나님은 우리에게 그 열매를 기다리고 계십니다.

나누어 보기

1. 길가 밭은 어떤 마음 상태이며, 왜 그렇게 되는지 나누어 보세요.

2. 자신의 마음에 길가 밭 같은 부분이 있다면 무엇인지 구체적으로

   나누어 보세요.

3. 길가 밭 같은 마음이 열매를 맺기 위해 어떻게 해야 하는지 나누어

   보세요.

A HEART LIKE

A ROCKY PLACES

두 번째 마음 밭

돌과 같은 마음 밭

마태복음 13:5
더러는 흙이 얇은 돌밭에 떨어지매
흙이 깊지 아니하므로 곧 싹이 나오나

마태복음 13:6
해가 돋은 후에 타서 뿌리가 없으므로 말랐고

마태복음 13:20
돌밭에 뿌려졌다는 것은
말씀을 듣고 즉시 기쁨으로 받되

마태복음 13:21
그 속에 뿌리가 없어 잠시 견디다가
말씀으로 말미암아 환난이나 박해가 일어날 때에는
곧 넘어지는 자요

돌과 같은 마음 밭

사람들마다 외모가 다른 것처럼 각 사람의 마음이나 성향도 다양합니다. 그래서 다양한 사람을 대하다 보면 알다가도 모를 일들을 많이 경험합니다. 평소 겉으로 보기에는 밝고, 상냥한데 어떤 사건을 만날 때는 전혀 다른 모습을 보이는 사람이 있습니다. 또 사람 좋다는 말을 듣다가도 한 번 화가 나면 딴 사람이 되는 경우도 있습니다. 이런 일들은 사실 평소에 드러나지 않았을 뿐 그 사람 속에 있는 실제 모습이 사건을 통해 드러나는 것일 뿐입니다.

아무리 더러운 구정물 통도 건드리지 않고 가만히 두면 겉보기에는 맑고 고요한 듯이 보입니다. 그러나 그 통을 건드리거나, 막대기로 그 안을 휘저으면 그 속에서 온갖 더러운 찌꺼기들이 다 올라오면서 역겨운 악취를 풍깁니다. 그때 나타나는 그 모습이 구정물 통의 실제입니다.

이는 신앙생활에서도 마찬가지입니다. 평소에는 늘 은혜 있는 것 같고, 믿음이 좋은 것 같은 사람도 어떤 사건을 만날 때 전혀 다른 모습을 보이는 경우가 있습니다. 신앙생활 초기에 은혜 받을 때는 모든 것이 항상 감사하고, 기쁨으로 순종하며 순한 양 같이 따르던 사람도 하나님 말씀 중심으로 살아가는 훈련을 하고자 하면 다른 모습으로 변합니다. 갑자기 굳은 마음과 차가운 얼굴로 자기를 주장하는 말을 하며 전혀 다른 모습의 사람이 됩니다. 평소에 감추어졌던 그 사람의 실제 모습이 사건을 통해 드러나는 것입니다.

이와 같이 자기를 부인하고 십자가를 져야 하는 어려운

사건을 통해 그 안에 있는 그 사람의 실제가 잘 나타납니다. 그래서 사람을 세울 때는 겉보기에 은혜 있고 좋을 때만 기준으로 하기 보다, 그 사람의 중심이 드러나는 어려운 사건을 통해 시험해본 후에 세워야 합니다.

두 번째 마음 밭은 씨를 뿌릴 때 마음 속에 돌이 있는 사람에게 열매가 없는 이유에 대한 말씀입니다. 이 말씀을 통해 신앙에 열매 맺지 못하게 하는 걸림돌이 되는 문제와 그 해결 방법을 찾아보고자 합니다.

돌밭의 특징

돌밭은 겉으로는 사람들에게 좋은 밭처럼 보입니다. 그러나 그 내면에 열매 맺지 못하는 문제를 가지고 있습니다. 돌밭은 겉과 속이 다른 이중적인 모습을 하고 있기 때문입니다. 예수님은 이 돌밭의 특징에 대해 말씀하십니다.

말씀을 즉시 받음

돌밭은 흙이 적고 돌이 많습니다. 이런 돌밭에 씨를 뿌리면 싹이 금방 나옵니다. 그러나 돌이 없고 흙이 많은 좋은 밭에 뿌린 씨는 싹이 금방 나오지 않습니다. 좋은 밭에 뿌려진 씨는 흙 속으로 뿌리를 내리는 시간이 걸리기 때문입니다. 반면에 돌밭에 뿌려진 씨는 흙 밑에 있는 돌에 막혀 뿌리를 내릴 수가 없기 때문에 위쪽으로만 자라납니다. 씨를 덮고 있는 흙의 두께도 얇아서 싹이 빨리 나옵니다. 그래서 돌밭과 좋은 밭에 똑같이 씨를 뿌리면 돌밭에서 싹이 먼저 나옵니다. 이 때문에 돌밭은 겉으로는 매우 좋은 밭처럼 보입니다.

돌밭과 좋은 밭의 차이는 마치 얇은 냄비와 두꺼운 뚝배기의 차이와 같습니다. 얇은 냄비는 물이 금방 끓습니다. 그래서 라면을 끓이거나 짧은 시간 내에 요리를 해야 하는 경우에는 얇은 냄비를 사용하는 것이 편합니다. 그런데 냄비는 빨리 끓는 만큼 빨리 식어버리기도 합니다. 그래서 얇은 냄비로 뜨거운 음식을 오랫동안 식지 않도록 유지하기는 어렵습니다.

반면에 두꺼운 뚝배기는 한참 가열해도 물이 금방 끓지 않습니다. 그래서 라면을 뚝배기에 조리해서 먹는 사람은 없습니다. 하지만 뚝배기는 음식을 익히는 데 시간이 많이 걸리는 만큼 음식의 깊은 맛을 내며 보온 기능이 좋은 장점이 있습니다. 따뜻한 음식을 오랫동안 먹고자 할 때는 얇은 냄비보다는 뚝배기가 좋습니다.

이러한 차이들은 신앙생활에서도 나타납니다. 내면 깊이 신앙을 하는 사람과 달리 가볍고 자유롭게 신앙하는 사람은 돌밭에 뿌려진 씨처럼 하나님의 말씀이 전해지면 반응이 빨리 나타납니다. 그런 사람은 하나님의 말씀을 듣는 즉시 기뻐서 어쩔 줄 모릅니다. 금세 감격하여 눈물을 흘리며 받은 은혜를 나눕니다. 심지어는 그 순간 자기 인생을 주님께 드린다고 결단하기도 합니다. 돌과 같은 마음 밭을 가진 사람은 주어지는 하나님의 말씀에 대한 반응이 매우 빠르고 즉각적입니다. 한동안은 다른 누구보다 더 열정적으로 하나님의 말씀을 사모하고 적극적으로 신앙합니다. 단기간에 신앙이 급성장하는 것 같고, 단번에 새 사람이 된 것처럼 새로운 모습을 보입니다.

뿌리를 내리지 못함

돌과 같은 마음 밭을 가진 사람이 다른 사람에 비해서 하나님의 말씀에 빨리 반응하는 이유는 그 밭의 흙은 얕고, 돌은 많기 때문입니다. 돌과 같은 마음 밭은 마음의 깊이가 얕고 마음 속에 돌처럼 단단한 것이 많습니다. 그래서 하나님의 말씀이 뿌려지면 그 속의 돌들이 말씀의 뿌리가 내리지 못하도록 막는 역할을 합니다. 이 때문에 겉으로만 즉시 반응하는 것입니다. 즉 하나님의 말씀을 들어도 그 말씀이 속사람까지 깊이 내려가는 신앙이 아니라 겉사람의 감정 차원에 머무는 신앙을 합니다. 그래서 겉보기에는 기쁨으로 말씀을 받지만 속사람의 변화는 나타나지 않습니다. 은혜는 많이 받아도 그에 걸맞은 신앙 인격의 변화는 없습니다.

요한계시록 10:10
내가 천사의 손에서 작은 두루마리를 갖다 먹어 버리니
내 입에는 꿀 같이 다나
먹은 후에 내 배에서는 쓰게 되더라

돌과 같은 마음 밭을 가진 사람은 하나님의 말씀 자체는 아주 좋고 달기에 입으로는 말씀을 잘 받습니다. 그러나 그 입에서 단맛을 빨아먹는 감정적인 차원에서 하나님의 말씀을 즐길 뿐입니다. 하나님의 말씀을 뱃속 깊이까지 삼키지는 않습니다. 하나님의 말씀이 배에서는 쓰기 때문입니다.

그래서 하나님의 말씀에서 단 것만 취하는 사람은 은혜를 받기 위해서 여기저기 좋은 곳을 열심히 찾아다닙니다. 하지만 주어진 하나님의 말씀을 자기 삶에 적용하지 않은 채 귀로만 듣고 즐기는 차원에 머뭅니다. 더 깊이 나가면 순종해야 하는 부담이 있기 때문에 듣고 아는 지식과 감정 차원으로 만족합니다. 이런 사람은 하나님의 말씀을 통해 자기 마음에 좋고 유익한 것만 누리고자 할 뿐 그 말씀대로 삶을 살아내는 데는 관심이 없습니다. 하나님의 말씀을 통해 하나님의 은혜와 사랑, 축복과 위로, 치유와 회복을 원할 뿐이지 정작 자기를 부인하고 자기 십자가를 지는 일은 하지 못합니다.

이처럼 돌과 같은 마음 밭을 가진 사람은 속사람의 인격이 변하지 않기 때문에 좋을 때와 어려울 때의 기복이 심한 불안정한 삶을 삽니다. 아침에는 천사와 같은 얼굴을 하다가

저녁에는 마귀와 같은 얼굴을 하며 수시로 천국과 지옥을 오가는 삶을 반복합니다. 수없이 많은 하나님의 말씀을 듣고, 그 말씀으로 기뻐하면서도 정작 그에 합당한 열매는 나타나지 않습니다. 그래서 이런 사람은 삶의 인격이 따라가지 않는 초라한 종교인의 모습으로 살게 됩니다.

그러나 하나님의 말씀을 순종해서 살고자 하는 사람은 많은 말씀을 아는 지식 자체로 만족하지 않습니다. 그 말씀대로 살아낼 것을 생각하는 사람은 하나님의 말씀을 가볍게 들을 수 없기 때문입니다. 그 말씀대로 살려고 할 때 쓴 십자가를 져야 하는 것을 알기 때문입니다.

예수님은 우리에게 두루마리 성경을 주시면서 입에 받아 먹어 그 말씀을 뱃속에 채우라고 하셨습니다. 그래야 그 말씀이 우리 영혼에 생명의 양식이 되기 때문입니다. 그 말씀을 배에 넣는다는 것은 들은 말씀을 내 삶에서 적용하여 삶을 살아내는 것입니다. 들은 말씀을 실제 삶 속에서 순종하며 살아낼 때 그 말씀이 주는 새 사람의 인격이 우리 안에 형성됩니다. 그것을 통해 말씀이신 예수 그리스도의 형상으로 변화되는 열매를 맺게 됩니다.

"서로 사랑하라"는 말씀이 전해질 때 우리 마음에 달콤하고 아름다운 감정으로 그 말씀을 은혜롭게 들을 수 있습니다. 하나님의 말씀 자체는 입에 달기 때문입니다. 그러나 실제 그 말씀을 순종하여 살아내고자 할 때는 달콤했던 그 말씀이 배에서 쓰게 되는 경험을 하게 됩니다. 사랑하지 못했던 사람을 사랑하려고 할 때 내 안에 사랑하지 못하게 하는 쓴 돌 같은 것들이 저항하기 때문입니다. 그러므로 그 쓴맛과 아픈 감정을 부인하고, 자기 감정과 의를 죽이는 십자가를 감당할 때 비로소 내 안에 예수 그리스도의 사랑이라는 아름다운 인격의 열매를 맺을 수 있습니다.

또한 "겸손하라"는 말씀을 들을 때 우리의 이성과 지식이 그 말씀을 고상한 기쁨으로 받아들일 수 있습니다. 그러나 그 말씀을 아는 지식만으로 자기 안에 겸손의 인격을 형성할 수는 없습니다. 겸손하라는 말씀에 순종하려고 할 때 자기 안에 그 말씀을 거부하는 돌의 쓴맛을 경험하게 됩니다. 그러므로 그 말씀을 배에 삼키기 위해 자기 속에서 거부하려는 교만의 쓴 것을 부인하고 죽이는 십자가를 통해 비로소 겸손이라는 인격이 형성됩니다. 이것이 순종하는 사람에게 주어지는 말씀의 능력이며, 성령의 열매입니다. 내가 말씀에 순종하여 말씀을 배에 넣을 때 말씀이신 예수 그리스도의 형상이 내 몸에 나타납니다.

오랫동안 교회를 다니며 말씀을 들어도 그 안에 예수 그리스도의 형상이 나타나지 않는 것은 들은 말씀을 배에까지 삼키지 않기 때문입니다. 그러면 아무리 많은 말씀을 듣고 은혜를 받아도 속사람이 변하지 않으며, 내 안에 예수 그리스도의 인격이 형성되지 않습니다.

좋은 말씀을 듣고 은혜를 받아도 그 말씀에 순종하여 뿌리를 내리지 못하는 사람의 문제의 핵심은 그 안에 있는 돌입니다. 돌 때문에 말씀이 위로만 자라나서 사람 앞에서는 좋은 신앙처럼 위장하게 됩니다. 우리는 사람에게 드러나 보이는 겉사람의 신앙이 아니라 속 내면으로 뿌리를 내리는, 보이지 않는 속사람이 변화되는 신앙을 해야 합니다.

열매 맺지 못하는 원인

이와 같이 사람들 보기에 신앙이 좋고, 은혜가 있는 것 같아도 실제적인 삶과 인격의 열매가 없으면 그 사람의 신앙은 문제가 있습니다. 예수님의 말씀을 통해 그 원인을 먼저 잘 이해할 때 해결책도 찾을 수 있습니다. 하나님의 말씀을 잘 받는 것 같으면서도 열매가 없는 이유를 좀 더 구체적으로 생각해보고자 합니다.

돌

    돌밭에 뿌려진 씨가 열매를 맺지 못하는 첫 번째 이유는 그 안에 있는 돌 때문입니다. 돌밭에 뿌려진 씨는 아무리 물을 주고, 비옥하게 거름을 주고, 좋은 환경을 마련해주어도 뿌리를 내릴 수 없기 때문에 열매를 맺지 못합니다.

마태복음 13:6
해가 돋은 후에 타서 뿌리가 없으므로 말랐고

    예수님은 돌밭에 뿌려진 씨는 곧 싹이 나오나 해가 돋은 후에 뿌리가 없으므로 말랐다고 말씀합니다. 씨가 뿌리를 내리지 못하게 하는 것은 흙 속에 숨어 있는 돌 때문입니다.
    길가 밭은 겉모양이 딱딱하게 굳어있는 모습을 하고 있는 반면에, 돌밭은 겉으로는 부드러운 흙의 모습을 하고 있지만 속에 숨겨진 돌이 겉으로는 보이지 않습니다. 그래서 돌과 같은 마음 밭을 가진 사람은 겉으로는 말씀도 잘 받고, 은혜도 많이 받지만, 실제 속사람은 돌처럼 단단하게 굳어있는 상태입니다.

우리 마음 안에 형성된 이 돌은 주로 어떤 어려운 사건이나 아픈 상처를 통해 생깁니다. 또한 자신에 대한 열등감, 다른 사람에 대해 품고 있는 섭섭한 감정이나 원망하는 마음, 피해의식 등의 사건을 통해 형성되기도 합니다.

사람이 상처를 받으면 상처로부터 자기를 보호하려는 방어 본능이 생깁니다. 그 상처를 보호하기 위해 자아를 똘똘 뭉쳐 방어할 때마다 마음이 돌처럼 굳어집니다. 자기에게 상처 준 사람을 미워하고, 용서하지 못하는 마음이 자기 안에 돌을 만듭니다. 그러면 그 심령에 부드러운 것이 사라지고, 돌처럼 응어리진 굳은 마음이 남게 됩니다. 이렇게 내면의 상처를 통해 형성된 돌이 자신의 신앙 성장을 가로막는 걸림돌이 됩니다.

우리 몸에 한 부분이 아프면 그 부분의 통증으로 인해 온 마음과 신경이 그곳에 집중됩니다. 그래서 몸의 모든 에너지가 아픈 쪽으로 빠져나갑니다. 이와 같이 마음에 돌 같은 상처를 가진 사람은 자신의 상처 문제에 매여 모든 에너지를 그것에 쏟게 됩니다. 모든 것을 자기 문제에만 집중하기에 하나님과 다른 사람을 돌아보지 못합니다. 결국 자신의 상처에 함몰된 인생이 됩니다.

아름다운 진주가 여인의 목에 걸리기까지는 진주조개만이 겪는 뼈아픈 사연이 있습니다. 단단하게 뭉쳐진 진주는 진주조개의 상처 난 역사의 산물입니다. 진주조개는 자기 안에 들어온 이물질로부터 자신을 보호하기 위해 수많은 세월 동안 뼈아픈 진액을 뿜어내며 돌 같이 단단한 진주를 만듭니다. 평생 모든 에너지를 그 상처에 집중하여 그 진주를 안고 아픔의 세월을 보냅니다.

이와 같이 자기 마음을 상하게 하여 고통을 주는 어떤 사건이나 사소한 말 한 마디 때문에 마음에 상처가 생깁니다. 그러면 그 상처를 방어하기 위해 수많은 세월 동안 독한 분노와 판단과 정죄라는 쓴 액을 뿜어내며 스스로 자신을 괴롭히는 삶을 삽니다. 이런 삶이 오랫동안 지속되면 그 상처를 둘러싼 독한 감정들이 돌처럼 단단하게 굳어지는데, 그것이 우리 안에 쓴 뿌리가 됩니다. 그래서 상처를 가진 사람은 평생 그 상처에 진액을 쏟아내는 고통스런 삶으로 자기 영혼을 소진합니다. 그 결과 남는 것은 돌과 같이 황량한 마음으로 인한 열매 없는 무덤 같은 인생뿐입니다.

히브리서 12:15
너희는 하나님의 은혜에 이르지 못하는 자가 없도록 하고
또 쓴 뿌리가 나서 괴롭게 하여 많은 사람이 이로 말미암아
더럽게 되지 않게 하며

쓴 뿌리가 있으면 자기 자신도 하나님의 은혜에 이르지 못할 뿐만 아니라 다른 사람을 괴롭히고 더럽히는 일을 합니다. 돈에 대한 상처가 있는 사람은 다른 사람과 돈에 묶이는 돌을 만듭니다. 인간관계에 상처가 있는 사람은 관계를 어렵게 하는 막힌 담 같은 돌을 만들며, 외모에 대한 상처가 있는 사람은 외모로 인해 걸리는 돌 같은 마음이 형성됩니다. 그래서 상처가 많은 사람은 그 마음에 여러 종류의 돌을 가진 채 다른 사람에게 쓴 액을 분출하는 삶을 삽니다. 그것이 자기 영혼을 죽이는 독한 진액으로 만들어진 완고한 돌 같은 쓴 뿌리가 됩니다. 그 쓴 뿌리는 또한 다른 사람을 향해 독을 뿜어내는 역할을 합니다.

그래서 돈 문제에 대한 말씀이 전해지면 돈에 묶인 상처

가 밑에 버티고 있어서 말씀이 뿌리를 내리지 못하게 합니다. 용서에 대한 말씀이 전해지면 용서하지 못하는 쓴 뿌리가 버티고 있어서 말씀이 그 안에 뿌리를 내리는 것을 막습니다.

물론 돌과 같은 마음 밭을 가진 사람도 말씀을 들은 그 당시에는 은혜를 받습니다. 서로 용서하고 사랑하라는 말씀에 많은 은혜를 받고 눈물을 흘리며 감동하기도 합니다. 그런데 그 말씀이 마음 깊이 뿌리 내려야 할 때 문제가 됩니다. 용서하지 못하는 상처가 있는 사람에게 자기 남편을 용서하고, 사랑하라는 말씀을 권면할 때 안색이 바뀌면서 마음이 굳어집니다. 다른 사람은 다 용서하고 사랑할 수 있어도 자기 남편만은 그렇게 할 수 없다고 말하며, 속에 있는 쓴 독을 뿜으며 격분합니다. 남편에 대한 상처라는 돌이 있기 때문입니다. 그 내면에 숨겨진 돌이 말씀을 통해 드러나게 됩니다.

그래서 그런 사람은 주일예배에서 은혜로운 말씀을 듣고 그 말씀에 마음이 걸려 넘어지기도 합니다. 모처럼 기대하고 간 수련회에서 은혜로운 말씀을 듣고 오히려 마음이 굳어져서 교회를 떠나는 사람도 있습니다. 마음 속에 있는 돌이 말씀을 막아 뿌리를 내리지 못하게 할 뿐 아니라 자기 자신도 그 돌에 걸려 넘어지기 때문입니다. 마음에 상처가 있는 사람은 어떤 작은 일이나 사소한 말 한 마디에도 상처라는 돌에 걸려 넘어지기를 반복합니다.

그래서 가장 돕기 힘든 사람은 악하고 부족한 사람이 아니라 마음에 상처가 많은 사람입니다. 그런 사람은 끊임없이 받고자 하여 요구하고, 작은 일에도 화를 잘 내고, 사람의 말을 오해하고 의심하며, 부정적인 말로 사람을 피곤하게 합니다. 그런 사람은 남의 형편을 살피고 이해하지 못하고, 다른 사람을 섬기려는 마음이나 다른 사람의 입장을 배려하는 마음이 없습니다. 항상 자기 문제에만 관심이 집중되어 있기 때문입니다. 아무리 섬기며 도와주어도 끊임없이 요구하고 불평할 뿐 감사나 기쁨이 없습니다.

이렇게 상처 난 사람을 며칠만 돕다 보면 모든 에너지가 다 소진됩니다. 그 사람 속에 있는 상처가 주변 모든 사람의 진액을 다 빼앗아 가기 때문입니다.

돌과 같은 마음을 가진 사람은 자기 상처 문제를 건드리지 않고, 자기 삶에 간섭하지 않는 말씀에만 은혜를 받습니다. 누군가가 자신을 섬겨주고, 이해해 주고, 받아 줄 때는 좋은 모습으로 살아갑니다. 교회가 너무 좋다고 하며, 하나님은 정말 좋은 분이라고 말하고, 성도들이 사랑이 많다고 자랑하기도 합니다. 그러나 하나님의 말씀이 자기 상처를 드러내어 치료하고자 할 때는 그 말씀에 시험이 들어 넘어집니다. 그것이 두려워 자기 삶을 아무도 간섭하지 못하게 자신을 감추며 차단합니다.

말씀의 열매는 삶의 실제적인 훈련을 통해서 주어지는데 돌과 같은 마음을 가진 사람은 말씀을 적용하여 사는 것을 거부하기 때문에 열매가 없습니다. 상처가 있는 사람은 상처 부위를 살짝만 건드려도 아파하며 가까이 오기를 싫어합니다. 평상시 상처를 안 건드리면 문제가 없지만 그 상처를 치유하기 위해 그의 죄 문제를 건드리려고 하면 그때는 넘어지고 맙니다.

마가복음 4:17
그 속에 뿌리가 없어
잠깐 견디다가
말씀으로 인하여 환난이나 박해가 일어나는 때에는
곧 넘어지는 자요

이런 사람의 신앙은 자기 문제를 건드리지 않는 동안은 잠시 견딥니다. 그래서 하나님의 말씀으로 인한 어떤 환란이나 박해가 없을 때는 문제가 없어 보입니다. 하나님의 말씀이 자기의 아픈 상처를 건드리지 않을 때는 오히려 좋은 믿음을 보입니다. 그러나 말씀으로 인해 환난이나 박해가 주어질 때는 시험에 들어 넘어집니다. "말씀으로 인해"라는 것은 그 말씀을 자신에게 적용하여 순종해서 살아야 할 상황이 될 때를 뜻합니다. 그 때는 주어지는 말씀을 거부하고 포기합니다. 이런 사람은 자기에게 주어지는 하나님의 말씀이 문제가 아니라 자기 안에 있는 말씀을 거스르는 돌이 문제입니다. 그러므로 마음에서 돌부리만 제거하면 부드러운 마음 밭으로 변화될 수 있습니다.

해

돌밭에 뿌려진 씨가 열매를 맺지 못하는 두 번째 요인은 해입니다. 예수님은 돌밭에 뿌려진 씨는 싹이 빨리 나오기는 하지만 해가 돋은 후에는 뿌리가 없으므로 타서 말랐다고 말씀합니다. 돌밭에 뿌려진 씨에게 치명적인 문제는 바로 해가 비치는 것입니다. 해가 비치지 않을 때는 잘 자라는 것 같지만 해가 돋은 후에는 즉시 타서 말라 죽습니다. 뿌리가 없는 식물은 뜨거운 햇빛을 견딜만한 힘이 없기 때문입니다.

햇빛은 식물이 성장하는 데 있어야 할 필수적인 요소이며, 결코 해로운 것이 아닙니다. 햇빛은 광합성 작용을 통해 식물을 건강하게 하는 역할을 합니다. 아무리 좋은 식물도 햇빛이 없는 곳에서는 온전하게 자랄 수 없습니다. 그래서 음지의 식물이나 온상 안의 식물은 겉보기에는 싱싱하게 보여도 체질이 약합니다. 식물이 강하게 성장하기 위해서는 온상 밖에 나와 비바람을 맞고, 강한 햇빛을 견디는 연단이 필요합니다.

이와 마찬가지로 신앙생활에 주어지는 고난과 핍박과 환

란이 우리의 신앙을 강하게 자라게 합니다. 강한 연단이 없는 신앙은 온상 안에 있는 식물과 같이 이 세상을 이길 힘이 없습니다. 평소에는 교회라는 울타리의 보호 안에서 섬김 받는 신앙이 좋은 것처럼 보여도 세상에 나가면 작은 시련이나 어려움에도 쉽게 넘어집니다.

신앙생활을 하는 동안 겪게 되는 고난과 연단은 우리 신앙을 강건하게 하는 햇빛과 같습니다. 신앙의 연단이나 훈련 없이 늘 섬김만 받고, 십자가를 피해가는 신앙은 그때는 편하고 좋지만 믿음이 자라지 않습니다. 그런 신앙은 정작 큰 환난을 만났을 때는 즉시 넘어져 말라 죽습니다. 신앙을 온상 같은 보호막 속에서 누구의 간섭도 받지 않고, 자기 스타일을 바꾸지 않은 채 자기를 주장하는 자세로 하는 사람이 있습니다. 그것은 마치 자기 십자가를 벗어버린 채 진통제를 맞고 무균실로 들어가는 것과 같은 나약한 신앙입니다.

미국의 인디언들은 원래 거친 자연 속에서 적응하며 생존하기 위해 창과 활로 적을 물리치고, 그 힘으로 사냥과 경작을 하며 강인한 삶을 살았습니다. 이것이 인디언의 정상적이고 건강한 삶이었습니다. 하지만 미국 정부가 그들에게 정착 보조금을 주어 더 이상 고생하며 힘들게 살 필요가 없게 되었습니다. 그러자 그들은 주어진 돈으로 술과 마약을 하며 그들 스스로 자신들의 인생을 파멸시켰습니다. 그들에게 주어진 물질과 편한 삶이 인디언 고유의 용맹함과 정체성을 상실하게 만들었습니다.

이와 같이 우리의 신앙도 고난이 없으면 사단과의 영적 전투에 패배할 수밖에 없습니다. 육신이 편해서 좋은 것 같지만 영적으로는 아무 열매도 없는 초라한 인생이 됩니다. 온상 안에서 별 문제없이 편안한 신앙을 하는 것이 당장은 좋아보여도 결국에는 넘어지기 마련입니다. 마지막 환란의 때에 훈련되지 않은 신앙은 짐승의 표를 받고 믿음을 배반할 수밖에 없습니다.

그러므로 교회 안에서 사랑, 축복, 위로, 치유의 달콤한 말씀으로 아무리 은혜를 많이 받는다 해도 십자가의 고난을 통과하지 않은 신앙은 환난과 핍박 앞에 넘어질 수밖에 없습니다. 하나님 나라에 들어가려면 그런 고난을 감당할 수 있도록 강한 햇빛 속에서 훈련된 믿음이 있어야 합니다.

사도행전 14:22
제자들의 마음을 굳게 하여
이 믿음에 머물러 있으라 권하고
또 우리가 하나님의 나라에 들어가려면
많은 환난을 겪어야 할 것이라 하고

    사도 바울은 우리가 하나님의 나라에 들어가려면 많은 환란을 겪어야 할 것이라고 말합니다. 주님을 위해 받는 환난이 우리가 져야 할 십자가입니다. 십자가를 통과하지 않고는 하나님의 나라에 들어갈 수 없기 때문입니다. 돌 같은 상처가 있는 사람은 자기 편에서 이해할 수 없는 십자가를 지는 훈련을 감당할 수 없기에 믿음을 배반하고 넘어집니다. 늘 햇빛을 피해 십자가와 고난과 훈련이 없는 곳을 찾아 위로와 축복과 은혜만을 구하며, 그런 말씀만 쫓아다녔기 때문입니다.

    강한 햇빛 같은 훈련을 통과하지 못하는 신앙은 십자가를 통해 내면의 인격이 변화되는 열매를 맺지 못합니다. 신앙의 햇빛 훈련은 힘들고 벅차기는 하지만 하나님 나라에 들어가는 열매를 위해서는 감당해야 하는 필수 코스입니다.

    우리는 누구나 헌신과 무거운 십자가가 없는 안락한 곳

에서 편하게 신앙하고 싶어 하는 마음이 있습니다. 하지만 신앙의 변화와 열매를 바라보는 사람은 온상이 주는 편안한 안방 신앙보다 차라리 온상 밖에서 강한 햇빛을 통해 열매 맺는 광야 신앙을 선택합니다. 이런 신앙만이 하나님이 받으실 만한 인격의 열매를 낳을 수 있기 때문입니다.

해결 방법

예수님이 씨 뿌리는 자의 비유를 말씀하시는 것은 모든 사람이 좋은 밭이 되어 열매 맺게 하기 위해서 입니다. 예수님은 의인을 부르러 오신 것이 아니라 죄인을 불러 회개시켜 구원하시기 위해 오셨기 때문입니다. 그래서 건강한 자에게는 의사가 필요 없지만 병든 자에게는 의사가 필요하다고 말씀하셨습니다. 예수님은 자기 죄로 인해 열매 없이 살아가는 우리의 문제가 무엇인가를 말씀으로 알려주십니다. 그리고 죄로 인해 상처나고, 완고한 돌과 같이 병든 우리 마음을 치유하여 새롭게 하기 원하십니다.

열매 맺지 못하는 돌과 같은 마음이 열매 맺기 위해서는 자기 안에 있는 상처를 치유 받고 돌부리를 빼내야 합니다. 상처는 용서하지 못하는 죄를 통해 주어진 사단의 덫입니다. 이 상처가 자기 영혼에 진액을 빼는 고통을 주며, 자기 인생의 모든 에너지를 빼앗아가는 수렁이 됩니다. 자기 영혼이 회복되기 위해서 오랫동안 묵은 돌부리의 문제를 해결해야 합니다. 상처는 그 상처가 들어온 원인을 알게 될 때 쉽게 치유될 수 있습니다.

첫째, 사건과 환경을 통해서 들어온 모든 상처는 하나님의 주권을 인정하지 못해서 생기는 영적인 문제입니다. 하나님의 주권을 인정하지 못하기에 자기에게 주어지는 사건과 형편을 통해 원망과 불평하는 불신의 마음을 품게 되고, 그것이 자라서 마음이 굳어지게 만드는 돌이 됩니다.

하나님이 왜 나를 이런 가정에 태어나게 했는지, 왜 내가 이런 열등감에 시달리며 살아가야 하는지, 왜 나는 이런 어려운 상황에 살게 되었는지 등과 같은 문제는 오직 그 모든 것을 아시는 하나님의 주권을 인정할 때 해결될 수 있습니다. 하나님의 주권을 인정하지 못하는 태도는 하나님의 주권에 도전하는 죄라는 것을 알아야 합니다.

하나님은 오직 하나님 자신의 영광을 위해 이 세상 모든 만물과 우리 인간을 창조하셨다는 사실을 인정해야 합니다. 하나님은 절대 선하신 분이시며 우리의 모든 불행까지도 합력하여 선을 이루시는 분입니다. 우리가 죄를 지어 영원한 심판을 받아야 마땅함에도 하나님은 자기 아들을 십자가에 내어주시기까지 우리를 지극히 사랑하시는 분입니다. 지금 이 순간에도 하나님은 우리에게 가장 선하고 좋은 것을 주시는 분입니다. 다만 우리가 그 하나님의 선하신 뜻을 다 이해하지 못하는 것이 우리에게 어려움이 될 뿐입니다. 그러므로 하나님이 하시는 일을 판단하고 불평하기보다 그것을 통해 자신에게 두신 하나님의 선한 뜻을 이해하고자 하는 믿음을 가져야 합니다. 모든 일에 절대 의와 선이 되시는 하나님을 믿을 때 하나님이 주시는 평안과 기쁨과 감사로 자신의 모든 상처가 치유될 것입니다.

둘째, 사람에 대한 상처는 자기에게 상처준 사람을 용서하지 못하는 죄로 인해 생깁니다. 우리는 다른 사람이 나에게 상처 준 그 잘못만 죄라고 생각하고, 자기 상처를 정당화하고자 합니다. 그래서 남의 죄에 대해 자기 의만 주장합니다. 그러나 하나님 편에서 보면 자기에게 죄 지은 자를 용서하지 못하는 그 사람의 죄도 똑같이 심각한 것입니다. 다른 사람의 죄를 용서하지 못하는 그 죄를 회개하지 않기 때문에 상처가 치유되지 않는 것입니다.

마태복음 6:14
너희가 사람의 잘못을 용서하면
너희 하늘 아버지께서도
너희 잘못을 용서하시려니와

마태복음 6:15
너희가 사람의 잘못을 용서하지 아니하면
너희 아버지께서도
너희 잘못을 용서하지 아니하시리라

우리가 자기에게 상처 준 사람의 죄를 용서하지 않으면 하나님도 우리 잘못을 용서하지 않습니다. 그러면 우리의 상처가 그대로 있게 됩니다. 다른 사람을 용서하지 못해서 생기는 원망, 피해의식, 섭섭한 마음, 정죄하고 판단하는 마음 등 이런 것이 자기 영혼의 진액을 빼는 돌부리와 같은 올무가 됩니다.

　다른 사람의 죄를 용서하지 못하고, 자기 죄를 회개하지 못하는 사람의 문제는 자기 죄를 보지 못한 채 다른 사람의 죄에만 집중하는 것입니다. 그러면서도 하나님 앞에서 그것이 얼마나 큰 죄인가를 알지 못합니다. 정작 자기에게 죄 지은 자를 용서하라는 하나님의 말씀에 불순종하는 죄를 짓고 있다는 것을 깨닫지 못하기 때문입니다. 하나님이 나에게 죄 지은 자를 일흔 번에 일곱 번씩이라도 용서하라고 하신 말씀을 불순종하기 때문에 자기 스스로 상처를 만드는 것입니다. 하나님 편에서 보면 상처 준 사람의 죄와 그 상처 준 사람을 용서하지 못하는 사람의 죄는 똑같습니다.

　아직도 내 안에 하나님과 사람에 대한 원망, 피해의식, 섭섭함, 정죄하는 마음이 있으면 먼저 그 죄를 인정하고 회개해야 합니다. 사람과 묶이는 것은 그것으로 끝나는 것이 아니라 그로 인해 자기 영혼이 하나님과 묶이게 되므로 더 큰 불행을 가져오게 됩니다.

마태복음 18:18
진실로 너희에게 이르노니 무엇이든지
너희가 땅에서 매면 하늘에서도 매일 것이요
무엇이든지 땅에서 풀면 하늘에서도 풀리리라

내가 땅에서 사람과 묶인 것을 풀면, 하늘에서 하나님과 묶인 것이 풀어집니다. 그러면 영적인 열매가 맺힙니다. 그러나 내가 땅에서 사람과 묶인 것을 풀지 않으면 하나님도 나와 묶인 것을 풀지 않으시고 하늘 문을 닫으십니다. 그러므로 내 영혼이 형통하기를 원한다면 먼저 사람과 묶인 것을 풀어야 합니다.

하나님 앞에서 "우리가 우리에게 죄 지은 자를 용서해준 것 같이 우리 죄를 사하여 달라"고 기도할 때 걸림이 없어야 합니다. 내가 먼저 굳은 마음을 풀고 용서할 때 하나님께서 성령님을 보내시어 내 안에 굳은 마음을 제거하고 부드러운 마음을 주십니다. 이런 부드러운 마음 밭에 하나님은 30배, 60배, 100배의 풍성한 열매를 주실 것입니다.

나누어 보기

1. 돌밭은 어떤 마음 상태이며, 왜 그렇게 되었는지 나누어 보세요.

2. 자신의 마음에 돌밭과 같은 부분이 있다면 무엇인지 구체적으로 나누어 보세요.

3. 돌과 같은 마음밭이 열매를 맺기 위해 어떻게 해야 하는지 나누어 보세요.

A HEART LIKE

A THORNY PLACES

가시 같은 마음 밭

마태복음 13:7
더러는 가시떨기 위에 떨어지매 가시가 자라서 기운을 막았고

마태복음 13:22
가시떨기에 뿌려졌다는 것은
말씀을 들으나 세상의 염려와 재물의 유혹에
말씀이 막혀 결실하지 못하는 자요

마가복음 4:19
세상의 염려와 재물의 유혹과 기타 욕심이 들어와
말씀을 막아 결실하지 못하게 되는 자요

누가복음 8:14
가시떨기에 떨어졌다는 것은
말씀을 들은 자이나 지내는 중
이생의 염려와 재물과 향락에 기운이 막혀
온전히 결실하지 못하는 자요

세 번째 마음 밭

가시 같은 마음 밭

앞에서 보았듯이 각 사람의 인생의 형통함은 자신의 마음 상태가 좌우합니다. 마음 밭의 상태가 자기 인생의 열매를 결정하기 때문입니다.

어떤 사람은 모든 형편과 조건이 좋음에도 그 삶이 형통하지 못한 경우가 있습니다. 신앙을 열심히 하는데도 오히려 믿음이 자라지 않아 초라한 신앙생활에서 벗어나지 못합니다. 그런 사람에게는 실제로 세상의 좋은 지위와 많은 재물이 주어져도 그것이 그 사람을 행복하게 하지 못합니다.

그 사람의 가문, 외모, 학벌, 재능 등 모든 조건이 좋은데도 불구하고 그의 삶이 안 풀리는 데는 이유가 있습니다. 그 안에 자기 영혼의 진액을 빼앗아 가는 어떤 원인이 있기 때문입니다. 마치 어떤 학생이 머리가 좋은데도 공부를 못하는 것은 남몰래 인터넷과 게임에 마음을 빼앗기는 등 그만한 이유가 있는 것과 같습니다.

본문 말씀은 좋은 밭의 조건을 가지고 있음에도 불구하고 신앙의 열매를 맺지 못하는 사람에 대한 말씀입니다. 이 말씀을 통해 우리 신앙에 열매 맺는 풍성한 삶이 회복되기를 기대합니다.

가시밭의 특징

예수님께서 말씀하신 열매 맺지 못하는 세 번째 마음 밭은 가시밭입니다. 앞에서 말한 두 가지 마음 밭과 같이 가시밭도 열매를 맺지 못하는 데는 그럴만한 이유가 있습니다.

가시밭은 기본적으로 좋은 밭입니다. 딱딱하여 씨가 심길 수 없는 길가 밭이나, 씨를 뿌려도 뿌리를 내릴 수 없는 돌밭과는 달리 씨를 뿌렸을 때 씨가 땅속에 뿌리를 내리며 잘 자랄 수 있는 밭입니다. 그러나 이 밭의 문제는 뿌려진 씨가 자랄 때 그 옆에서 가시가 함께 자라는 것입니다. 가시는 자라나는 씨의 기운을 막아 열매를 맺지 못하게 합니다.

가시는 다른 식물보다 생장력이 강합니다. 높은 고산지대에는 일반 식물이 살기가 어렵습니다. 하지만 침엽수와 같은 가시나무들은 그런 열악한 곳에서도 잘 자라납니다. 그만큼 생장력이 강하기 때문입니다. 가시나무는 주위의 다른 식물의 양분까지 흡수하는 힘이 있습니다. 그래서 가시나무 주위에서는 다른 식물들이 잘 자라나지 못합니다.

이는 마치 우리 몸 안에 기생충이 있다면, 영양가 있는 좋은 음식을 섭취해도 그것이 몸의 건강에 도움이 되지 않는 것과 같습니다. 오히려 몸에 좋은 음식을 먹을수록 몸은 더 쇠약해질 뿐입니다. 건강을 위해 먹었던 좋은 음식이 기생충만 살찌워서 건강을 더 나쁘게 하기 때문입니다.

가시 같은 마음 밭을 가진 사람도 이와 똑같습니다. 그런 사람은 하나님의 말씀이 전해질 때, 그 말씀을 잘 이해하고 은혜로 받아들입니다. 그 말씀대로 살 때 어떤 결과가 주어지는지도 잘 압니다. 그러나 문제는 하나님의 좋은 말씀을 듣고도 믿음이 자라지 않는다는 것입니다. 오히려 은혜를 받은 후에 방해를 받아 믿음이 더 약해지기도 합니다. 그 이유는 신앙을 방해하는 가시 때문입니다.

가시는 우리 인생이 형통하게 되는 것을 가로막는 이 세상의 세력입니다. 우리 삶에 신앙의 열매가 맺히려면 수고스럽지만, 반드시 가시를 뽑아내야 합니다.

열매 맺지 못하는 원인

　　가시밭이 열매를 맺지 못하는 이유는 씨에게 필요한 양분까지도 가시가 다 빼앗아 그 기운을 막기 때문입니다. 기운을 막는다는 말은 목을 졸라 질식시켜 죽인다는 뜻입니다. 결국 가시가 밭에 있는 목적은 그 안에서 자라나는 식물의 기운을 막아 질식시켜 죽이는 것입니다. 이렇게 사단은 각 사람 안에 뿌려진 하나님의 말씀이 자라지 못하게 할 목적으로 각 사람의 마음에 가시를 심어 놓습니다. 예수님은 우리 영혼을 질식시켜 죽이는 가시를 세 가지로 구분하여 말씀하십니다.

세상의 염려

우리 신앙에 열매를 맺지 못하게 하는 가시 중 하나는 세상의 염려입니다. 즉, 세상을 살아가는 것에 대한 두려움입니다. 우리가 하나님의 말씀을 받고 신앙이 성장해갈 때, 사단은 세상에서 만나는 여러 문제로 두려움을 주어 신앙이 자라지 못하게 합니다. 그래서 믿음이 자라나는 듯 하다가도 그 문제를 만나면 신앙의 기운이 막혀버립니다.

하나님의 말씀으로 은혜를 받아 신앙이 잘 자랄 만하면 건강 문제, 가정의 부부 문제와 자녀 문제, 제사 문제, 사업 문제, 가계의 빚 문제 등으로 주어지는 두려움 때문에 신앙의 기운을 빼앗깁니다. 청년들은 외모와 이성 문제, 결혼과 직장 문제, 장래에 대한 염려로 영적 기운을 빼앗깁니다.

말씀의 은혜를 받아도 열매가 없는 것은 가시 같은 두려움의 문제를 극복하지 못하기 때문입니다. 어떤 사건이나 문제를 통해서 주어지는 두려움은 본질적으로 영적인 문제입니다. 두려움은 나를 공격하는 악한 영에게 내 영이 눌려서 나타나는 현상입니다. 두려움은 마귀가 주는 공격이기 때문에 두려움을 느낀다는 것은 자신이 영적으로 약하여 악한 영에게 눌려 있는 상태입니다.

그런데 모든 사람이 똑같은 위기의 상황에서 다 두려워하는 것은 아닙니다. 사업에 부도를 맞아 재정이 파산되는 상황에서도 두려워할 사람은 두려워하지만, 두려워하지 않을 사람은 두려워하지 않습니다. 갑자기 몸이 심하게 아파도 담담하게 믿음으로 감당하는 사람이 있는가 하면, 기침만 조금 심하게 해도 폐결핵이나 폐암을 염려하며 두려움에 사로잡히는 사람이 있습니다. 믿지 않는 가족이 악하게 핍박하더라도 그것을 다 두려워하는 것은 아닙니다. 자신을 공격하는 영적 세력보다 자기 영이 약하기 때문에 두려워하는 것입니다.

사단은 세상의 염려를 통해 두려움을 주어 신앙생활의 기운을 빼앗아 믿음을 약하게 합니다. 하나님께서 소원을 주셔서 큰 결단을 하고 모처럼 새벽기도에 나오려 할 때면 그날따라 유난히 몸이 피곤하여 나가지 못할 상황이 되기도 합니다. 그런 상황에서 새벽기도에 나가면 바로 몸살이 날 것 같은 두려움이 들어옵니다. 아니면 갑작스럽게 피치 못할 일이 생겨 새벽기도에 나가는 일이 큰 부담이 되기도 합니다. 이러한 부정적인 염려가 새벽기도에 나가는 것을 두렵게 만들어 기도하려는 마음의 소원을 빼앗아 갑니다.

우리는 자신을 해치려는 사람이나 생계를 위협하는 일을 만날 때 두려워합니다. 사단은 우리의 육신의 약점을 이용하여 두려움을 주기 때문입니다. 서로의 상한 감정 문제로 인간관계가 어려워질 것을 두려워하기도 하고, 몸이 병들고 아프거나 사고로 다치게 될 것을 두려워하기도 합니다. 사단은 그러한 우리 육신의 약점을 통한 세상의 염려로 끊임없이 두려움을 줍니다. 이런 사단이 주는 세상의 염려에 빠지면 하나님을 위해 살고자 하는 영적 기운을 다 빼앗기게 됩니다.

예수님은 이런 두려움의 문제에 대해 말씀합니다.

마태복음 10:28
몸은 죽여도
영혼은 능히 죽이지 못하는 자들을 두려워하지 말고
오직 몸과 영혼을 능히 지옥에 멸하실 수 있는 이를 두려워하라 두려움의 문제를 이기는 방법은 하나밖에 없습니다. 먼저 우리 영혼에 무엇이 가장 두려운 것인지를 알아야 합니다. 그리고 사단은 우리 몸은 죽여도 영혼은 죽이지 못한다는 사실을 알아야 합니다. 사단은 단지 이 세상에 속한 우리 몸을 향해 두려움을 줄 뿐입니다. 결코 하나님 안에 있는 우리 영혼의 생명을 빼앗을 수는 없습니다.

그러나 하나님은 우리 몸뿐만 아니라 우리 영혼까지도 능히 지옥에 멸하실 수 있는 분이심을 믿어야 합니다. 전능하신 하나님의 심판을 두려워하는 사람은 사단이 주는 세상 염려거리를 두려워하지 않습니다. 그러나 하나님을 두려워하지 않는 사람은 이 세상이 주는 위협과 염려거리를 두려워합니다. 하나님의 능력을 믿지 않고 세상을 더 의지하기 때문입니다. 반면에 하나님을 두려워하는 사람은 세상을 두려워하지 않습니다. 세상의 힘보다 하나님의 능력을 더 믿기 때문입니다. 그러므로 예수 그리스도께서 이미 세상을 이기신 것을 믿을 때 세상을 두려워하지 않을 수 있습니다.

요한복음 16:33
이것을 너희에게 이르는 것은
너희로 내 안에서 평안을 누리게 하려 함이라
세상에서는 너희가 환난을 당하나
담대하라 내가 세상을 이기었노라

이 세상의 모든 죄를 위해 십자가에 죽으시고, 다시 살아나신 예수 그리스도의 부활의 능력을 믿을 때 세상이 주는 두려움에서 자유로워질 수 있습니다. 그런 사람은 세상을 이기신 주님이 주시는 담대함으로 평안을 누리게 됩니다. 그래서 베드로전서 5장 7절에서는 이렇게 권면하고 있습니다.

베드로전서 5:7
너희 염려를 다 주께 맡기라
이는 그가 너희를 돌보심이라

세상의 염려는 하나님을 믿지 못하게 하려는 사단의 가시입니다. 그러므로 염려와 근심을 주님께 맡겨야 합니다. 주님이 우리의 염려를 다 아시고 우리를 친히 돌보시기 때문입니다. 주님께 내 염려를 맡기기 전까지는 결코 그 염려의 세력이 없어지지 않습니다. 사단이 우리의 믿음 없는 불신앙을 알기 때문입니다. 오직 믿음으로 주님께 내 인생을 맡길 때, 주님이 주시는 평안이 모든 염려를 물리쳐 줄 것입니다.

재물의 유혹

예수님은 신앙의 열매를 맺지 못하게 하는 또 하나의 가시가 재물의 유혹이라고 말씀합니다. 재물의 유혹은 이 세상의 물질적인 부요를 누리고자 하는 욕심입니다. 유혹이라는 말은 속임수라는 의미가 있습니다. 유혹은 실제가 아닌 사단이 주는 속임수입니다. 죄의 유혹을 받으면 그 죄가 영원히 달콤할 것 같지만 그것은 속임수일 뿐입니다. 죄가 주는 달콤함은 잠깐이고, 받아야 할 죄의 대가는 영원하기 때문입니다.

사람들은 돈만 있으면 모든 것이 잘될 것 같다는 생각을 합니다. 하지만 그것은 헛된 속임수입니다. 그런 사람에게 재물이 주어질 때 그것이 자기 인생에 재앙이 될 수 있습니다. 이렇게 재물에 대한 욕망에 사로잡히면 그 세력에 하나님의 말씀이 막혀 우리 영혼을 질식시킵니다. 그래서 성경은 재물 문제에 대해서 많이 말씀합니다.

누가복음 16:13
집 하인이 두 주인을 섬길 수 없나니
혹 이를 미워하고 저를 사랑하거나
혹 이를 중히 여기고 저를 경히 여길 것임이니라
너희는 하나님과 재물을 겸하여 섬길 수 없느니라

전능하신 하나님과 재물을 비교하는 것은 형평이 맞지 않아 보입니다. 재물이 단지 물질에 불과하다면 결코 하나님과 비교할 대상이 될 수 없습니다. 그러나 예수님이 여기서 말씀하시는 것은 재물이 가지고 있는 영적 세력을 의미합니다. 그래서 예수님은 하나님과 재물을 견주어서 두 주인을 섬길 수 없다고 말씀하셨습니다.

하나님과 재물을 둘 다 똑같이 사랑하고 귀중하게 여길 수 없습니다. 하나님을 귀중히 여기면 세상의 재물을 가볍게 여기지만, 재물을 귀중히 여기는 사람은 하나님을 존귀하게 여기지 않습니다. 그리고 하나님보다 재물을 더 사랑하는 사람은 재물의 욕심을 채우는 데 방해가 되는 하나님을 미워합니다. 그러나 하나님을 재물보다 더 사랑하는 사람은 하나님에 대한 사랑을 방해하기 때문에 재물을 오히려 미워합니다. 그러므로 사람이 하나님과 재물을 동시에 사랑하거나 섬기는 일은 불가능합니다. 어느 한쪽을 사랑하면 다른 한쪽을 미워하게 되기 때문입니다. 그래서 재물에 대한 욕망에 사로잡히면 생명의 근원되시는 하나님을 떠나게 됩니다.

성경은 이 문제를 좀 더 구체적으로 말씀합니다.

디모데전서 6:9
부하려 하는 자들은
시험과 올무와 여러 가지 어리석고 해로운 욕심에 떨어지나니
곧 사람으로 파멸과 멸망에 빠지게 하는 것이라

디모데전서 6:10
돈을 사랑함이 일만 악의 뿌리가 되나니
이것을 탐내는 자들은 미혹을 받아
믿음에서 떠나 많은 근심으로써 자기를 찔렀도다

부자가 되는 것 자체는 죄가 아니지만 그 부를 의지하려

는 욕심은 사단의 시험과 올무에 빠지게 합니다. 그래서 돈을 사랑하는 것이 일만 악의 뿌리가 되며 믿음에서 떠나 자기 영혼을 근심에 빠지게 만듭니다.

재물 자체를 인생의 목적으로 삼으면, 재물을 얻는 데 삶의 모든 에너지를 빼앗깁니다. 돈 버는 것 때문에 말씀과 기도 생활을 하지 못하는 것은 재물 때문에 자기 영혼의 기운이 막히는 것입니다. 재물에 욕심을 가지면 그 재물로 죄를 짓고 자기 영혼을 찔러 죽이게 됩니다. 하나님은 이 세상에 있는 "은도 내 것이요, 금도 내 것이라"고 말씀합니다(학개 2:8). 재물은 하나님께 속한 것이지 내 것이 아닙니다. 그러므로 재물을 하나님의 뜻대로 사용할 때 그 재물이 자기 영혼에 복의 통로가 됩니다. 재물에 매인 마음에서 자유로워질 때 영혼이 하나님 안에서 자유로워집니다.

성경은 우리에게 재물을 바르게 사용하는 방법이 무엇인지 말씀합니다.

디모데전서 6:17
네가 이 세대에서 부한 자들을 명하여
마음을 높이지 말고
정함이 없는 재물에 소망을 두지 말고
오직 우리에게 모든 것을 후히 주사
누리게 하시는 하나님께 두며

디모데전서 6:18
선을 행하고 선한 사업을 많이 하고
나누어 주기를 좋아하며
너그러운 자가 되게 하라

위의 말씀은 재물의 올바른 사용법에 대해 말씀하고 있습니다. 하나님은 재물 때문에 자기 마음을 높이지 말며 재물에 소망을 두지 말라고 하십니다. 재물은 지금 있다가도 하루아침에 없어지기도 하기 때문에 그런 정함이 없는 재물에 소망을 두지 말라고 합니다. 오직 우리에게 모든 것을 후히 주사 누리게 하시는 하나님께만 소망을 두고 살아야 합니다. 특히 부한 자들은 자기 재물로 선을 행하고, 선한 사업을 많이 하고, 나누어 주기를 좋아하며, 너그러운 자가 되라고 합니다. 이것이 자기 재물로 장차 하나님의 나라에서 받을 상급을 예비하는 방법이 됩니다.

모든 재물이 하나님께 속했기 때문에 하나님의 뜻에 합당한 목적으로 사용할 때 그 재물이 자기에게 복이 됩니다. 그러나 재물을 자기 육신의 욕심대로 사용하면 그 재물이 자기 영혼의 기운을 막는 가시가 됩니다.

어떤 사람은 자신의 사업 목적이 장차 하나님을 섬기며 하나님 나라의 선교를 후원하는 데 있다고 말합니다. 그러나 지금은 하나님을 위해 살지도 않고 선교를 위해 아무 일도 하지 않으면서 나중에 돈을 많이 벌면 그렇게 할 것이라고 말합니다. 이런 사람은 정작 돈이 많이 생기면 돈이 없는 지금보다 하나님을 위해 사는 것이 더 어렵습니다. 재물에 묶여 있는 사람은 재물이 더 많아지면 그만큼 재물에 더 많이 묶이기 때문입니다.

내 영혼이 형통한 열매를 맺고자 한다면 하나님 앞에서 재물 문제에 걸림이 없어야 합니다. 재물 문제에 걸려 있는 그것이 자기 영혼에 가시가 되기 때문입니다. 이때 사람과의 재물 문제도 깨끗해야 하지만 하나님과의 재물 문제에서는 더욱 깨끗해야 합니다.

말라기 3:8

사람이 어찌 하나님의 것을 도둑질하겠느냐
그러나 너희는 나의 것을 도둑질하고도 말하기를
우리가 어떻게 주의 것을 도둑질하였나이까 하는도다
이는 곧 십일조와 봉헌물이라

하나님은 헌물을 통해 우리의 중심을 보십니다. 그러므로 하나님께 드리는 헌물에 대해 걸림이 없어야 합니다. 특히 십일조와 봉헌물로 하나님의 재물을 도둑질 하지 않아야 합니다.

온전한 십일조를 하지 않는 것은 하나님의 것을 도적질하는 죄입니다. 사람에게 빌린 돈을 갚지 않거나 남의 것을 도둑질하는 것도 나쁜 죄입니다. 하물며 하나님의 것을 도둑질하는 죄는 매우 심각한 것입니다. 그것은 자기 영혼의 생명을 두고 도박하는 아주 심각하고 위험한 죄입니다.

또한 십일조뿐만 아니라 하나님께 드려야 할 봉헌물도 도둑질 하지 말아야 합니다. 구약에는 매 절기 때마다 헌물을 드리게 했습니다. 그뿐 아니라 어떤 기쁜 일이나 기념일에도 감사 예물을 드리게 했으며, 죄를 지어 속죄할 때도 제물을 드리게 했습니다. 하나님은 하나님이 주신 의미있는 모든 일에 제물을 드려 제사하게 했습니다.

우리는 하나님으로부터 받은 은혜에 감사할 줄 알아야 합니다. 받은 은혜에 대해 감사로 예물을 드리는 것은 은혜 받은 사람의 마땅한 마음의 표현입니다. 하나님의 사랑과 은혜에 감사하지 못하는 것은 하나님의 영광을 도둑질하는 것입니다.

자신의 모든 재물을 하나님이 기뻐하시는 뜻대로 사용하고자 하는 물질관을 가져야 합니다. 하나님 중심적인 물질관은 자신에게 주어진 재물을 하나님이 원하시는 일에, 하나님의 방법대로, 자원하는 마음으로 사용하는 것입니다. 그래서 하나님이 선교를 하신다면 자기 재물을 그것을 위해 사용하고, 하나님이 건축을 하신다면 그 일에 자기 재물을 값지게 사용하는 것입니다. 하나님이 기뻐하시는 사역이 있을 때 언제든지 그것을 위해 자원함으로 사용하는 것이 자기 보물을 하늘에 상급으로 쌓는 것입니다. 하나님께 드리는 재물은 하나님 나라에 심는 것이기 때문입니다.

고린도후서 9:6
이것이 곧 적게 심는 자는 적게 거두고
많이 심는 자는 많이 거둔다 하는 말이로다

고린도후서 9:7
각각 그 마음에 정한 대로 할 것이요
인색함으로나 억지로 하지 말지니
하나님은 즐겨 내는 자를 사랑하시느니라

재물 문제에서 자유함을 받은 사람만 자기 재물을 하나님 뜻대로 사용할 수 있습니다. 자기 재물을 하나님 나라를 위해 사용할 때, 그 재물을 통해 하나님 안에서 자기 영혼의 풍성함을 누리게 됩니다. 그 재물로 인해 자기 영혼을 막고 있는 것이 풀어지기 때문입니다.

그러므로 하나님께 드리는 헌물은 물질 이상의 의미를 가지고 있습니다. 하나님이 헌물 받기를 원하시는 것은 무엇이 부족해서가 아니라 헌물을 드리는 사람의 마음을 받으시고 더 깊은 인격적인 관계성을 갖기 위해서입니다. 보물이 있는 그 곳에 우리의 마음이 있기 때문입니다.

자기 재물을 자기 자신과 세상을 위해서 사용할수록 자

기 영혼이 세상과 깊이 밀착되어 세상의 세력에 더 묶이게 됩니다. 그래서 자기 영혼이 재물의 세력에 기운을 잃고 질식합니다. 자기 영혼에 형통한 열매를 맺기 원한다면 재물 문제로부터 자유해야 합니다. 그래야 재물이 자기 영혼에 상급이 되는 축복의 도구로 사용되어 영혼의 풍성한 삶을 누릴 수 있습니다.

욕심과 향락

마가복음과 누가복음에서는 마태복음에 기록된 두 가지 가시 외에 기타 욕심과 향락을 추가로 말씀하고 있습니다.

마가복음 4:19
세상의 염려와 재물의 유혹과 기타 욕심이 들어와
말씀을 막아 결실하지 못하게 되는 자요

누가복음 8:14
가시떨기에 떨어졌다는 것은 말씀을 들은 자이나 지내는 중
이생의 염려와 재물과 향락에 기운이 막혀
온전히 결실하지 못하는 자요

이 세상에 속한 욕심과 향락이 우리 신앙의 기운을 막는 가시가 됩니다. 욕심은 이 세상의 영광과 허영심 같은 세상 자랑이며, 향락은 세상 쾌락을 즐기려는 욕망입니다. 아직 세상 세력이 끊어지지 않은 채 세상 오락과 음란한 것과 술 등 온갖 육신적인 유혹에 빠지는 것입니다.

가시 같은 마음 밭에 뿌려진 씨는 처음에는 잘 자라다가 여전히 끊지 못한 세상적인 것들 때문에 성장이 멈추고 영적 기운이 약해집니다. 말씀의 씨에 주어져야 할 양분을 세상 욕심과 향락에 빼앗겨 버리기 때문입니다. 하나님의 말씀을 받아도 신앙이 자라지 않는 사람 속에는 아직도 끊어지지 않은 세상 세력이 남아 있습니다. 허영심을 채우려는 사치와 분수에 넘치는 유흥과 육신의 쾌락을 즐기고자 하는 정욕이 아직 십자가에 못 박혀 죽지 않았기 때문입니다.

이런 사람은 자기 속에 하나님에 대한 열정과 믿음을 빼앗아가는 것이 무엇인가를 생각해 보아야 합니다. 자기 안에 세상의 취미생활, 오락, TV, 인터넷, 게임, 비디오와 영화, 바둑, 도박, 음란, 음악, 스포츠 등에 빠지는 세력이 남아있을 때 그것이 하나님께서 주신 영적인 말씀의 기운을 막습니다.

현대인은 많은 시간과 에너지를 인터넷과 미디어에 쏟아버립니다. 하나님의 말씀으로 채워지지 않는 영혼의 공허함을 채우기 위해서입니다.

이런 사람은 아직 하나님의 나라에서 받을 영광스러운 삶을 믿지 못하기 때문에 이 세상의 영광에 집착합니다. 자기 영혼이 하나님의 말씀으로 채움 받지 못하기 때문에 육신의 정욕을 채우는 인터넷이나 영화, TV 드라마 등으로 자신의 곤고한 영혼을 만족시키려 합니다. 교회 안에서 하나님께 올려 드리는 찬양을 통해 하나님의 임재를 느끼지 못하기 때문에 세상 가요를 육신의 양식으로 삼고자 합니다.

신앙을 하면서도 하나님의 뜨거운 사랑을 경험하지 못하기 때문에 육신적인 사랑에 빠져 영적인 기운을 빼앗깁니다. 성령의 기름부으심에 취해 보지 못했기 때문에 세상의 술과 향락에 취하여 인생의 진액을 빼앗기는 삶을 삽니다. 그러나 그러면 그럴수록 자기 영혼은 곤고함의 악순환으로 지쳐갈 뿐입니다.

이와 같이 예배 때 선포되는 말씀을 듣지 못하고, 기도해야 할 때 기도하지 못하며, 찬양할 때 찬양하지 못하는 사람은 그 안에 그것을 막는 세상적인 가시가 있기 때문입니다. 그 가시가 하나님께 드려야 할 시간과 물질과 에너지를 빼앗아 신앙이 자라지 않고, 곤고한 삶을 살게 합니다. 자기 영혼에 가시 같은 세상 욕심과 향락이 끊어지고 새롭게 되기 원한다면, 육신의 세력을 끊는 금식과 기도를 통해 성령의 능력을 받아야 합니다.

해결 방법

　　원래 가시밭은 땅이 좋은 밭입니다. 하나님의 말씀을 듣고 은혜를 받아 씨가 잘 자랄 수 있는 밭입니다. 그러나 그 안에서 자라는 세상에 속한 가시가 문제입니다. 그러므로 이런 밭이 열매를 맺기 위해서는 그 안에 있는 가시를 제거해야 합니다. 가시는 세상을 사랑하는 세력입니다.

요한1서 2:15
이 세상이나 세상에 있는 것들을 사랑하지 말라
누구든지 세상을 사랑하면
아버지의 사랑이 그 안에 있지 아니하니

요한1서 2:16

이는 세상에 있는 모든 것이
육신의 정욕과 안목의 정욕과 이생의 자랑이니
다 아버지께로부터 온 것이 아니요
세상으로부터 온 것이라

여기서 세상은 사단이 다스리는 영적인 세계를 말합니다. 그래서 이 세상은 죄와 불법이 난무하며 하나님을 대적합니다. 성경은 그런 세상에 있는 것들을 사랑하지 말라고 합니다. 세상의 것을 사랑하는 마음에는 하나님의 사랑이 있을 수 없기 때문입니다. 세상을 사랑하면 하나님의 사랑이 막혀버립니다. 그러면 자기 영혼이 곤고해져 세상의 것으로 그 곤고함을 채우려합니다.

세상에 속한 육신의 정욕, 안목의 정욕, 이생의 자랑은 다 하나님께로부터 온 것이 아니라 이 세상을 지배하는 사단에게서 나온 것입니다. 하나님이 주시는 생명을 받지 못하는 것은 바로 이런 세상의 것들을 사랑하는 마음이 있기 때문입니다. 교회에 오래 다녀도 하나님의 사랑을 느낄 수 없는 것은 아직도 세상을 사랑하고 있기 때문입니다.

야고보서 4:4
간음한 여인들아
세상과 벗된 것이 하나님과 원수 됨을 알지 못하느냐
그런즉 누구든지 세상과 벗이 되고자 하는 자는
스스로 하나님과 원수 되는 것이니라

하나님은 세상과 벗이 되는 것이 하나님과 원수 되는 것이라고 말씀합니다. 그래서 세상에 속한 것들을 사랑하는 사람들에게 나타나는 현상은 하나님을 미워하고 대적하는 것입니다. 세상의 것들을 좇는 사람은 하나님의 말씀을 믿지 않으며, 하나님이 하신 일을 받아들이지 않습니다. 그래서 세상의 것들을 가까이 할수록 하나님에 대해서는 점점 적대적이 되고 멀어집니다. 세상을 사랑해서 세상과 벗이 될 때 하나님과 원수 되기 때문입니다. 이것이 바로 세상을 사랑하는 세력인 가시의 실체입니다.

세상 것들로 가득 찬 마음 밭이 열매를 맺기 위해서는 먼저 그 안에 있는 세상적인 가시를 제거해야 합니다. 그런 마음 밭에 계속 하나님의 말씀의 씨를 뿌리는 것은 헛수고일 뿐입니다. 일주일 동안 겨우 주일에 한 번 교회 예배에서 선포

되는 말씀을 듣고, 나머지 6일 동안에는 세상에 속한 가시를 수없이 심는 삶을 살면 그 마음 밭에는 가시만 무성할 수밖에 없습니다. 매일 말씀과 기도로 하나님과 가까이 하는 데 시간을 드리는 것은 인색하면서 TV, 인터넷, 게임, 세상 음악에 많은 시간을 드리며 가시를 심기 때문에 그 영혼이 소진되고, 곤고하게 됩니다.

예레미야 4:3
여호와께서 유다와 예루살렘 사람에게 이와 같이 이르노라
너희 묵은 땅을 갈고
가시덤불에 파종하지 말라

가시밭이 열매를 맺기 위해서는 큰 결단이 필요합니다. 먼저 묵은 가시덤불의 땅을 갈아엎어야 합니다. 묵은 가시덤불 땅에 씨를 뿌리는 것은 시간과 수고를 낭비할 뿐입니다. 교회를 다니면서도 가시덤불만 키워가는 신앙은 그 인생을 소진시키는 사단의 계략에 속는 것입니다. 오랫동안 교회 생활을 해도 믿음이 자라지 않고, 옛 사람이 변화되지 않는 것은 그 안에 어떤 가시를 키우고 있기 때문입니다. 과감하게

자기의 에너지를 빼앗아가는 그 묵은 가시덤불을 갈아엎어야 합니다.

어떤 자매님은 오랫동안 좋아하는 유명 가수의 음반을 수백 개나 사서 들으며 교회를 다녔습니다. 교회를 다니면서도 하나님을 경배하는 찬양보다 가요를 더 좋아했습니다. 어느 날 하나님의 말씀을 듣고 도전을 받아 자매님이 가지고 있던 모든 가요 음반을 다 부숴버리는 결단을 했습니다. 그렇게 세상 가요를 끊고 하나님의 찬양을 듣기 시작했습니다. 그 이후 그 자매님의 신앙에 큰 변화가 일어났습니다. 가시 역할을 했던 가요를 끊었기 때문에 더 이상 방해받지 않고 하나님의 말씀이 영이요 생명으로 들리기 시작한 것입니다. 그동안 그 자매님은 수많은 시간을 세상 가요에 다 빼앗겨 영적인 기운을 잃어버린 삶을 살았지만 가시를 제거하는 큰 결단과 값지불을 통해 주님 앞에 놀라운 인생으로 변화되었습니다.

어떤 사람은 교회에 다니면서도 여전히 술과 담배와 음란의 세력을 끊지 못해 수년째 신앙이 자라지 못한 채 무기력한 삶을 살기도 합니다. 또 어떤 사람은 교회를 다니면서도 인터넷 게임과 바둑, 도박, 스포츠, 세상 친구 등 세상 쾌락을 끊지 못해 오랫동안 곤고한 삶을 벗어나지 못하고 있습니다. 세상 가시를 뽑아내지 않은 채 교회를 다니며 예배에 참석하고 하나님의 말씀을 듣고 성경을 배우는 것은 소중한 자기 인생을 낭비하는 것입니다. 세상의 것들을 끊으려 하지는 않으면서 하나님의 은혜는 받으려 하고, 육신을 즐기는 세상 향락은 포기하지 않으면서 하나님의 도움을 받으려는 것은 자기 스스로를 속이는 함정에 빠지는 것입니다. 그런 삶은 가시를 통해 자기 영혼을 죽이려는 사단의 계략에 끌려 조종당하는 것입니다.

예수 그리스도 안에서 새로운 인생을 살기 원한다면 자신의 묵은 마음 밭을 갈고, 그 안에 있는 가시를 뽑아내야 합니다. 자기 영혼을 곤고하게 하는 세상 세력인 가시와의 전쟁을 선포하고 남은 인생을 새롭게 시작하기를 바랍니다.

나누어 보기

1. 가시밭은 어떤 마음 상태이며, 왜 그렇게 되는지 나누어 보세요.

2. 자신의 마음에 가시밭과 같은 부분이 있다면 무엇인지 구체적으로 나누어 보세요.

3. 가시밭과 같은 마음이 열매를 맺기 위해 자신이 결단해야 할 것이 무엇인지 나누어 보세요.

A HEART LIKE
A GOOD SOIL

네 번째 마음 밭

좋은 마음 밭

마태복음 13:8
더러는 좋은 땅에 떨어지매 어떤 것은 백 배,
어떤 것은 육십 배,
어떤 것은 삼십 배의
결실을 하였느니라

마태복음 13:23
좋은 땅에 뿌려졌다는 것은 말씀을 듣고 깨닫는 자니
결실하여 어떤 것은 백 배,
어떤 것은 육십 배,
어떤 것은 삼십 배가 되느니라 하시더라

누가복음 8:15
좋은 땅에 있다는 것은 착하고 좋은 마음으로
말씀을 듣고 지키어 인내로 결실하는 자니라

네 번째 마음 밭

좋은 마음 밭

우리는 지금까지 열매 맺지 못하는 마음 밭에 대해 보았습니다. 길가 밭, 돌밭, 가시밭이 열매를 맺지 못하는 이유와 그 밭이 열매를 맺을 수 있는 방법에 대해 알아보았습니다. 이 모든 말씀에서 예수님이 강조하시는 초점은 뿌려진 씨에 대한 열매입니다. 하나님의 말씀을 듣는 사람에게 중요한 것은 그에 합당한 열매를 맺어야 한다는 것이 이 말씀의 핵심입니다. 어떤 이유에서든지 말씀을 듣고 그에 대한 열매가 없다면, 그 마음 밭은 문제가 있는 것입니다. 그것이 심각한 이유는 하나님의 말씀을 계속 듣기만 하고, 열매가 없으면 결국에 그에 따른 하나님의 심판이 있기 때문입니다.

누가복음 12:47
주인의 뜻을 알고도 준비하지 아니하고
그 뜻대로 행하지 아니한 종은 많이 맞을 것이요

누가복음 12:48
알지 못하고 맞을 일을 행한 종은 적게 맞으리라
무릇 많이 받은 자에게는 많이 요구할 것이요
많이 맡은 자에게는 많이 달라 할 것이니라

하나님 나라에 대한 말씀을 많이 배우고, 많이 들어서 많이 알고 있는 그 자체가 꼭 좋은 것만은 아닙니다. 많이 받아 많이 알고 있는 사람에게 하나님은 그에 합당한 많은 열매를 요구하시기 때문입니다. 그러므로 교회를 다니면서 하나님의 말씀을 배우고 알기만 한 채 그에 따른 실제적인 열매가 없는 신앙을 하는 사람은 그 마지막에 하나님의 많은 심판의 매가 주어지는 인생이 될 것입니다.

예수님께서 잎사귀만 무성한 채 열매를 내지 않는 무화과나무를 저주하여 말라죽게 하신 사건이 있습니다(마태복음 21:18-19). 어느 이른 아침 예수님께서 제자들과 함께 성으로 들어가시는 길에 잎사귀가 무성한 무화과나무를 보셨습니다. 예수님은 마침 시장하시어 그 나무에 열매가 있는지 살펴보셨습니다. 그런데 나무에 잎사귀는 무성한데 열매가 없었습니다. 예수님께서 무화과나무를 창조하실 때 열매를 맺도록 하셨습니다. 그런데 그 무화과나무는 열매를 구하는 예수님께 아무 열매를 주지 못했습니다. 예수님은 무화과나무를 향해 "이제부터 영원토록 네가 열매를 맺지 못하리라"고 심판하셨습니다. 그러자 열매를 맺지 못했던 무화과나무는 예수님의 말씀대로 말라 죽었습니다. 이는 그 당시 종교 형식만 무성한 채 열매가 없었던 유대 종교인들에 대한 심판을 예고한 것입니다.

요한복음 15:2
무릇 내게 붙어 있어
열매를 맺지 아니하는 가지는
아버지께서 그것을 제거해 버리시고
무릇 열매를 맺는 가지는
더 열매를 맺게 하려 하여
그것을 깨끗하게 하시느니라

하나님은 열매를 맺는 가지는 더 열매를 맺도록 가지치기를 해주십니다. 그러나 나무로부터 양분을 받으면서도 잎만 무성한 채 열매를 맺지 못하는 가지는 잘라내어 불에 던져버리십니다. 열매 맺는 가지의 양분만 빼앗아가서 손해만 주기 때문입니다.

농부가 포도나무를 심는 목적은 포도 열매를 얻는 데 있습니다. 이와 같이 하나님께서 우리 마음 밭에 말씀의 씨를 심는 목적도 우리에게서 그에 합당한 열매를 거두는 데 있습니다.

히브리서 6:7
땅이 그 위에 자주 내리는 비를 흡수하여
밭 가는 자들이 쓰기에 합당한 채소를 내면
하나님께 복을 받고

히브리서 6:8
만일 가시와 엉겅퀴를 내면
버림을 당하고 저주함에 가까워
그 마지막은 불사름이 되리라

하나님이 땅 위에 잦은 비를 주실 때, 그에 합당한 채소를 내는 땅에는 복을 주십니다. 그러나 하나님께서 그 땅에 채소가 잘 자라도록 비를 내려주시는데도 좋은 열매를 내지 않고 가시와 엉겅퀴를 내면, 버림을 당하고 저주를 받아 그 마지막은 불사름이 됩니다.

이와 같이 하나님이 주시는 말씀에 대한 각 사람의 반응에 따라 복이 되기도 하고, 저주가 주어지기도 합니다. 그러므로 자신에게 전해지는 하나님의 말씀을 신중하게 들어야 합니다. 그 말씀을 어떻게 듣느냐에 따라 자신의 운명이 결정됩니다. 그날 상황이 좋지 않다고 대충 듣고, 감정이 상했다고 그 말씀에 마음을 닫아버리고, 자신에게 맞지 않는 말씀이라고 거부하면, 그 마음 밭에서 가시와 엉겅퀴를 거두게 됩니다. 그러면 하나님으로부터 버림을 당하며, 영혼이 황폐하여 곤고하게 됩니다.

말씀을 들을 때 하나님께서 그 상황에서 자신에게 꼭 필요한 말씀을 주신다는 것을 믿어야 합니다. 그래야 자신에게 말씀하시는 하나님의 뜻을 깨달을 수 있습니다. 하나님은 그 말씀을 통해 우리에게 두신 하나님의 계획을 이루시기 원하십니다. 우리를 향한 하나님의 계획은 하나님의 말씀에 대한 우리의 반응을 통해 열매로 나타납니다.

좋은 밭은 말씀을 듣는 대로 그에 합당한 열매를 맺습니다. 그것이 우리에게 두신 하나님의 사명을 이루는 삶입니다. 반면 나쁜 밭은 좋은 씨를 뿌리는데도 불구하고 오히려 나쁜 엉겅퀴와 가시를 냅니다. 그것은 하나님께서 우리에게 두신 뜻을 거슬러 하나님을 대적하는 삶입니다.

모든 사람은 이 세상 마지막에 하나님의 심판대 앞에 서야 합니다. 그때 우리가 하나님으로부터 받을 심판의 기준은 하나님의 말씀입니다. 하나님께서 우리에게 주신 말씀에 대한 열매로 우리의 영원한 운명이 결정됩니다.

본문 말씀은 좋은 밭에 대한 말씀입니다. 좋은 밭은 하나님의 말씀에 대해 좋은 열매를 맺는 데 합당한 마음을 가지고 있습니다. 이것을 누가복음 8장 15절에서는 좀 더 자세히 설명하고 있습니다.

누가복음 8:15
좋은 땅에 있다는 것은
착하고 좋은 마음으로 말씀을 듣고
지키어 인내로 결실하는 자니라

이 말씀은 좋은 땅이 어떻게 많은 열매를 맺는지를 설명하고 있습니다. 좋은 땅에 있다는 것은 착하고 좋은 마음으로 말씀을 듣고, 지키어 인내로 결실하는 자입니다.

마음 상태

뿌려진 말씀의 씨가 열매를 맺는 좋은 마음 밭은 그 안에 나쁜 것이 없는 부드러운 마음입니다. 마음에 열매를 맺지 못하게 하는 굳은 마음, 돌 같은 마음, 가시 같은 것들이 없는 착하고, 좋은 마음입니다.

어느 밭도 처음부터 저절로 씨를 뿌리기에 좋은 밭은 없습니다. 자연적인 상태에 있는 쓸모없는 땅을 농사할 수 있는 밭으로 만들기 위해서는 먼저 그 땅을 개간해야 합니다. 그 땅에 있는 나무뿌리나 가시덤불을 캐내고, 그 안에 박혀있는 돌 덩어리를 빼내고, 잔돌을 골라내고, 무성한 잡초를 뽑아내야 합니다. 그런 후에 질이 안 좋은 나쁜 흙을 좋은 흙으로 갈아주고, 굳어진 흙덩어리를 잘게 부수는 등 많은 작업을 해야 합니다. 그런 기초 작업을 잘한 후 그 밭에 씨를 뿌려야 많은 수확을 할 수 있습니다.

이와 같이 날 때부터 좋은 마음을 가지고 태어나는 사람은 없습니다. 아담의 후손인 우리는 모두 죄인으로 태어나기 때문입니다. 그러므로 우리 안에서 말씀의 씨가 자라기 위해서는 먼저 우리 마음 밭을 그에 합당하게 개간해야 합니다. 우리 안에 형성된 굳은 마음을 부드럽게 기경하고, 돌부리처럼 상처 난 마음을 걷어내고, 엉겅퀴와 가시 같은 세상적인 것들을 제거해야 좋은 마음이 됩니다.

예수님은 이런 준비된 마음을 착하고 좋은 마음이라고 말씀합니다. 누구든지 이러한 두가지 성품으로 준비될 때, 하나님의 말씀을 듣고 열매를 맺을 수 있습니다.

착한 마음

열매 맺는 밭은 흙이 부드럽습니다. 그런 밭에는 가시도 없고, 돌도 없고, 딱딱하게 굳은 것도 없습니다. 이것이 착한 마음의 모습입니다. 착한 마음은 도덕적으로 선하고, 부드러운 마음입니다. 비록 이전에 거친 마음이었다 할지라도 그 안의 상처가 치유되고, 독한 혈기가 빠져나가고, 완고한 마음이 치유된 상태입니다. 그래서 그 마음이 부드럽고 겸손합니다.

착한 마음은 하나님의 말씀이 뿌려질 때 그것을 수용적으로 받아들입니다. 하나님의 말씀을 방해하는 것들이 없어서 말씀이 은혜로 들리기 때문입니다. 반면 하나님의 말씀이 전해질 때, 그 말씀이 자기와 부딪히며 저항적인 반응을 보이는 것은 아직 마음이 부드럽게 기경되지 않은 상태이기 때문입니다.

하나님의 말씀에 대해 수용적인 반응을 하는 착한 마음은 하나님께서 착한 일을 할 수 있는 준비가 된 상태입니다. 이는 하나님이 하라는 것은 하고, 하나님이 하지 말라는 것은 하지 않는 하나님 말씀에 대한 순종적인 마음입니다. 그 속에 하나님의 말씀을 거부하는 악하고, 불의한 것이 없기 때문에 그렇게 할 수 있습니다.

성경에서 말하는 착한 마음은 세상에서 말하는 착한 마음의 차원을 넘어서는 개념입니다. 이는 사람 앞에서의 착함이 아니라 하나님 앞에서의 착한 마음을 말합니다.

예수님을 안 믿는 사람 중에도 인간적으로 착한 마음을 가진 사람이 있습니다. 세상에서 말하는 착한 마음과 하나님 앞에서의 착한 마음이 어떻게 다른지는 하나님의 말씀에 대한 반응으로 알 수 있습니다. 하나님 앞에서 착한 사람은 하나님의 말씀이 전해질 때, 그 말씀을 겸손히 받아들여서 예수님을 믿습니다. 그래서 영원한 생명에 이르는 구원의 선한 열매를 맺습니다.

그러나 평소에는 착한 부모, 형제, 친구라 할지라도 예수님의 말씀을 전할 때, 그 마음에 거부 반응을 보이며 대적하는 경우가 있습니다. 이런 마음은 결코 하나님 앞에서 착한 마음이 아닙니다. 하나님의 말씀이 뿌려질 때, 그 속에 숨어 있던 가시뿌리, 돌부리의 실체가 드러나기 때문입니다. 그래서 말씀에 선한 열매를 맺는 대신 가시와 엉겅퀴를 냅니다.

이렇게 인간적으로 말하는 착한 마음과 하나님 앞에서 착한 마음은 영적인 말씀을 대하는 자세로 구분됩니다. 착한 마음은 하나님의 말씀을 믿음으로 받아들이고, 순종하는 반응으로 나타납니다. 그런 마음은 하나님이 하실 놀라운 뜻을 이루는 열매를 맺습니다.

좋은 마음

착한 마음 밭과 좋은 마음 밭은 비슷해 보이나 약간의
차이가 있습니다. 그래서 예수님은 착한 마음 밭과 좋은 마
음 밭을 구분하여 말씀하셨습니다. 착한 마음 밭은 마음의
상태를, 좋은 마음 밭은 마음의 질을 기준으로 판단합니다.
착한 마음 밭이 부드러운 마음이라면, 좋은 마음 밭은 성품
이 좋은 마음을 말합니다.

좋은 열매는 흙의 상태와 질에 따라 달라집니다. 똑같이
좋은 밭이라 해도 그 밭의 상황에 따라 30배, 60배, 100배
로 그 열매의 수량이 달라질 수 있습니다. 열매 맺는 좋은 밭
은 먼저 흙이 부드러워야 합니다. 그 안에 단단한 돌이나, 찌
르는 가시 같은 것이 없어야 합니다. 하지만 흙이 부드러운
밭이라고 해서 모든 씨가 많은 열매를 맺는 것은 아닙니다.
더 많은 열매를 맺기 위해서는 밭의 토질이 좋아야 합니다.

흙의 상태가 똑같아도 토질이 다르면 열매의 수량이 달라질 수밖에 없습니다. 토질이 열매의 양을 결정합니다.

흙에는 여러 종류가 있습니다. 진흙과 마른 흙, 황토와 적토, 흑토 등 흙의 종류는 다양합니다. 이처럼 여러 토양들 중 씨가 자라는 데 좋은 흙이 있고, 그렇지 않은 흙이 있습니다. 씨가 많은 열매를 맺는 데 필요한 양분이 풍부하여 비옥한 흙을 옥토라고 합니다. 반면에 양분이 부족해서 많은 열매를 맺는 데 적당하지 않은 흙을 박토라고 합니다. 옥토와 박토는 똑같이 흙의 상태는 부드럽지만 흙의 질이 다르기 때문에 열매의 양도 서로 다릅니다.

이와 같이 마음의 토양인 사람의 성품도 사람마다 제 각각입니다. 마음이 인자한 사람이 있는가 하면, 까칠하고 인색한 사람도 있습니다. 또한 너그럽고 긍정적인 사람도 있고, 까다롭고 부정적인 사람도 있습니다. 모든 것에 수용적이며 겸손한 사람도 있고, 배타적이며 교만한 사람도 있습니다. 이러한 성품의 차이 때문에 똑같은 하나님의 말씀을 들어도 그 열매의 크기가 다릅니다. 성품이 각자의 삶의 질을 좌우하기 때문입니다.

온유하고 겸손한 성품은 다른 영혼을 돕고 섬길 때 많은 열매를 맺을 수 있는 좋은 마음입니다. 좋은 마음은 하나님의 말씀을 들을 때 그 말씀대로 살고자 하는 선한 열정을 가지고 있습니다. 좋은 마음을 가진 사람은 예수님을 믿지 않고 죄에 빠진 사람들을 보면, 그 영혼을 불쌍히 여기며 구원하고자 하는 열정이 생깁니다. 그런 좋은 마음에 하나님의 말씀이 전해지면, 영혼을 구원하고 전도하는 열매가 많이 맺힙니다.

또한 성품이 수용적이고 긍정적인 사람은 다른 사람의 허물과 약점을 볼 때 그것을 용납하고, 섬기고자 하는 긍휼의 마음을 가지고 있습니다. 그래서 연약하고, 힘든 사람을 사랑으로 잘 도와 많은 열매가 나타납니다.

도울 사람을 붙여 줄 때, 좋은 마음 밭을 가진 사람은 그 영혼을 귀하게 여기며, 따뜻한 마음으로 잘 섬겨서 좋은 열매를 맺습니다. 반면 어떤 사람은 아무리 좋은 영혼을 붙여 주어도 그 영혼을 섬길 만한 인격이 없어 결국 나쁜 결과를 낳습니다. 각 사람의 성품에 따라 다른 열매를 거두게 됩니다. 그래서 똑같이 착한 마음을 가졌어도 어떤 사람은 30배

열매를 맺고, 어떤 사람은 60배와 100배의 열매를 맺습니다. 그 속사람의 인격에 따라 말씀을 믿고 순종하는 수준이 다르기 때문입니다.

하나님은 우리의 삶에 많은 열매를 맺기 원하십니다. 하나님의 말씀에 좋은 마음과 착한 마음으로 반응할 때 선한 열매를 맺으며, 그것을 통해 우리에게 주어진 하나님의 계획을 이루어가는 삶을 살게 됩니다.

결실의 과정

예수님은 착하고 좋은 마음 밭이 어떻게 열매를 맺는지 그 과정을 말씀하십니다. 말씀의 씨가 뿌려진 후 열매를 맺기까지 거쳐야 할 일련의 과정이 있습니다. 어느 한 과정이라도 놓치면 열매를 맺지 못합니다. 그것은 말씀을 듣고, 지키고, 인내하고, 결실하는 이 네 단계입니다.

들음

열매를 맺기 위한 첫 번째 단계는 하나님의 말씀을 듣는 것입니다. 말씀을 듣는 것은 전해지는 말씀을 지식으로 듣는 것이 아니라 영으로 듣고, 믿음으로 받는 것입니다. 하나님의 말씀을 듣기 위해서는 그 말씀을 영으로 들을 수 있는 영적인 귀가 있어야 합니다. 하나님의 말씀은 영적인 말씀이기 때문입니다. 그래서 예수님이 마태복음 13장 9절에서 "귀 있는 자는 들으라"고 말씀하셨습니다.

하나님은 우리의 믿음을 통해 그에 합당한 영적인 열매를 맺게 하십니다. 믿음은 하나님의 말씀을 들음으로 생깁니다. 하나님의 말씀을 듣지 못하면 믿음이 생기지 않습니다. 열매를 맺기 위해서는 반드시 하나님의 말씀을 영으로 들을 수 있어야 합니다. 그러므로 하나님의 말씀을 들을 수 있는 영적인 귀를 갖는 것이 열매 맺는 신앙생활을 하는 데 중요한 조건입니다.

하나님의 말씀을 들을 수 있는 영적인 귀가 있어야 자신에게 주어지는 하나님의 말씀을 믿음으로 받아들일 수 있습니다. 하나님의 말씀이 전해질 때 완고한 마음, 상처 있는 마음, 가시 같은 세상적인 마음은 하나님의 말씀을 듣는 그대로 순수하게 받아들이지 않습니다. 그런 마음을 가진 사람은 영적인 귀가 막혀 있어 잘 듣지 못하기 때문입니다.

예레미야 6:10

내가 누구에게 말하며 누구에게 경책하여 듣게 할꼬
보라 그 귀가 할례를 받지 못하였으므로 듣지 못하는도다
보라 여호와의 말씀을
그들이 자신들에게 욕으로 여기고
이를 즐겨 하지 아니하니

똑같은 조건에서 똑같은 하나님의 말씀을 들어도 그 반응은 천차만별입니다. 귀가 할례 받지 못한 사람은 하나님의 말씀을 은혜로 듣지 못하고 오히려 자기에게 욕하는 것으로 듣고 배척합니다. 그런 사람은 하나님의 은혜로운 말씀을 들을수록 마음이 더 강퍅해지고 어려워집니다. 하나님의 말씀을 혼적인 지식으로 듣기 때문입니다. 그래서 그런 사람은 하나님의 말씀에 대해 악한 열매를 맺습니다.

히브리서 4:12

하나님의 말씀은 살아 있고 활력이 있어
좌우에 날선 어떤 검보다도 예리하여
혼과 영과 및 관절과 골수를 찔러 쪼개기까지 하며
또 마음의 생각과 뜻을 판단하나니

하나님의 말씀은 살아있고 활력이 있어, 좌우에 날선 어떤 검보다도 예리한 능력이 있습니다. 하나님의 말씀의 능력은 말씀을 듣는 사람의 믿음을 통해 역사합니다. 말씀을 믿음으로 듣는 자에게는 그 말씀이 영과 혼과 관절, 골수를 찔러 쪼개는 놀라운 변화의 능력이 나타납니다. 그래서 하나님의 말씀이 믿음으로 들려질 때 우리의 옛 사람이 죽고 새 사람으로 변화되는 일이 일어납니다.

또한 하나님의 말씀은 각 사람의 마음 속에 있는 생각과 숨겨진 것을 드러내는 능력이 있습니다. 그래서 하나님의 말씀을 들을 때 그동안 알지 못했던 자기 속에 있는 죄가 깨달아지기도 하며, 자기의 악한 생각과 계획들이 잘못되었다는 것을 드러내기도 합니다. 하나님의 말씀이 우리의 모든 죄를 회개시키며, 그로 인해 죄사함의 열매가 나타나고, 육신의 질병이 치유되는 일이 나타납니다. 이와 같이 하나님의 말씀을 믿음으로 듣는 자에게는 그 말씀에 합당한 열매가 실제로 나타납니다.

그러나 같은 말씀이라도 그 말씀을 믿음으로 듣지 않고, 지식으로 들으면 그것은 단지 언어요, 문자에 불과합니다. 그런 지식은 우리의 영혼을 살리는 데는 무익하여 아무 능력을 주지 못합니다.

요한복음 6:63
살리는 것은 영이니
육은 무익하니라
내가 너희에게 이른 말은 영이요 생명이라

우리 영혼을 살리는 것은 혼적인 지식이 아니라 영의 말씀입니다. 하나님의 말씀은 우리 영혼에 영적인 생명을 주는 영이요, 생명 그 자체입니다. 그러므로 영이요, 생명인 말씀을 영이요, 생명으로 들을 때 우리 안에 영적 생명이 주어집니다.

많은 말씀을 들으면서도 영적인 열매가 없는 것은 우리 영혼을 살리는 영의 말씀을 육으로 듣기 때문입니다. 하나님은 살아있는 영적인 말씀을 통해 우리 영혼을 구원하시며, 문제를 이길 많은 능력과 변화의 열매를 주십니다. 그런 하나님의 말씀이 내 귀에 영으로 들리지 않으면 영적인 변화의 열매가 없습니다.

자신의 삶에 영적인 열매를 얻기 위해서는 먼저 말씀을 들을 수 있는 이 단계를 통과해야 합니다. 이를 위해 자기 귀가 성령으로 할례받기를 사모하고 기도해야 합니다. 마음이 부하고, 높아진 상태에서는 귀가 열리지 않습니다. 상처 나고, 열등감에 매인 사람은 귀가 왜곡되어 말씀을 바로 듣기 어렵습니다. 그러므로 우리의 귀가 열리기 위해서는 그것을 막고 있는 육신의 세력이 꺾여야 합니다. 우리의 육신은 고난을 통해 깨어지고, 낮아집니다. 그래서 하나님은 육신의 고난을 통해 우리 귀를 여십니다.

욥기 36:15
하나님은 곤고한 자를
그 곤고에서 구원하시며
학대 당할 즈음에
그의 귀를 여시나니

하나님의 말씀을 듣지 못하는 자신에 대해 애통하고 상한 마음이 있다면 말씀 듣는 것에 도전해야 합니다. 말씀을 들을 수 있는 귀를 훈련받아야 합니다.

먼저 하나님 앞에 자기 마음을 깨뜨리고 낮추는 연습을 해야 합니다. 말씀을 듣지 못하는 것은 마음이 높아져 굳어진 상태에 있기 때문입니다. 하나님의 말씀은 하나님이 듣게 해주셔야 들을 수 있습니다. 하나님은 교만한 자를 물리치시고, 겸손한 자를 가까이 하시는 분입니다. 그래서 하나님은 스스로를 지혜롭게 여기는 교만한 자에게는 말씀이 들리지 않게 그 귀를 막으십니다. 하나님은 오직 어린아이처럼 자신을 낮추는 겸손한 자에게 말씀을 깨달을 수 있도록 그 귀를 열어주십니다.

마태복음 11:25
그 때에 예수께서 대답하여 이르시되
천지의 주재이신 아버지여
이것을 지혜롭고 슬기 있는 자들에게는 숨기시고
어린 아이들에게는 나타내심을
감사하나이다

교만한 사람의 문제는 자신이 하나님의 말씀을 잘 듣고 이해하고 있다고 착각하는 것입니다. 자기 교만 때문에 자신의 모습을 보지 못하기 때문입니다. 그 교만한 마음이 하나님의 말씀을 판단하기 때문에 그 귀를 막아버립니다. 그런 사람은 성령의 도우심을 통해 자신의 문제를 깨닫고 회개해야 합니다. 그래서 마음이 겸손해질 때 하나님께서 그 귀를 열어주십니다. 겸손은 자기가 죄인인 것을 정직하게 인정하고 하나님의 은혜만을 구하는, 상하고 가난한 마음 자세입니다. 그런 마음이 하나님의 말씀을 들을 준비가 된 마음입니다.

그렇게 마음이 준비된 사람이라면 실제로 말씀을 듣는 연습을 해볼 수 있습니다. 먼저 이전에 지식으로 들었던 영적인 말씀을 다시 반복하여 듣는 것입니다. 하나님 앞에 기도한 후 마음을 낮추고 영의 말씀이 영으로 새롭게 들릴 때까지 계속 반복해서 듣습니다. 그러다 어느 시점에 이르면 전에 들리지 않던 말씀이 조금씩 들리고, 전에 보이지 않던 말씀이 보이고, 전에 알고 있었던 말씀이 전혀 새롭게 들리며 그 말씀이 깨달아지기 시작합니다. 이것이 육적인 귀가 영의 귀로 열려가는 과정입니다.

우리가 영어를 배울 때도 영어를 들을 수 있는 귀가 없는 상태에서는 아무리 들어도 무슨 말인지 들리지 않습니다. 그러나 마음을 집중하여 계속 반복하여 들을 때, 어느 단계에 이르면 들리지 않던 단어가 하나씩 들리게 됩니다. 계속 들으면 간단한 문장이 들리고, 그 뜻이 이해되기 시작합니다.

이와 같이 하나님의 말씀에 귀가 열리지 않은 사람은 자신에게 하시는 그 말씀이 들리지 않습니다. 그러나 그 말씀을 듣고자 하는 간절한 마음으로 들릴 때까지 포기하지 않고 집중해서 10번, 20번씩이라도 들으면 어느 날 갑자기 귀가 열리면서 그 말씀이 들리게 됩니다. 이렇게 마음과 힘을 다하는 값 지불을 해서라도 영적인 귀가 열려야 자기 신앙이 다음 단계로 성장할 수 있습니다. 아무리 교회에서 많은 시간을 보내며, 말씀을 들어도 영적인 귀가 열리지 않은 채로 신앙생활하는 것은 자신의 값진 시간을 낭비하는 것입니다.

말씀을 듣는다는 것은 말씀을 지식으로 이해하고, 그 문장을 파악하여 분석하고, 그 내용을 신학적으로 정립하는 것이 아닙니다. 그렇게 듣는 것은 혼적인 지식을 쌓는 것으로 그칩니다. 말씀을 영으로 듣는 것은 성령의 감동으로 선포되는 그 말씀을 내 영이 믿음으로 받는 것입니다. 그렇게 영으로 들은 말씀은 내 안에 믿음이 되어 영적인 생명을 줍니다.

일만 마디의 많은 말씀을 지식으로 듣는 것보다 영으로 듣는 한 마디 말씀이 영적인 생명을 줍니다. 그러므로 우리 안에 영적인 생명의 열매를 맺기 위해서는 먼저 살아있는 하나님의 말씀을 영이요, 생명으로 들을 수 있는 영적 귀를 가져야 합니다.

지킴

열매를 맺기 위한 두 번째 단계는 영으로 들은 그 말씀을 지키는 단계입니다. 이는 들은 그 말씀을 빼앗기지 않기 위해 마음 속에 잘 지키는 것입니다. 아무리 은혜로운 말씀을 받아도 그것을 지키지 못하면 원수가 금방 빼앗아 갑니다. 그래서 수련회나 예배 때 말씀을 통해 많은 은혜를 받고도 그 말씀을 지키지 못하면 하루도 지나기 전에 그 은혜를 쏟아버립니다. 말씀으로 큰 은혜와 감격을 맛보고도 옛 사람의 불순종의 습관과 세상적인 유혹을 이기지 못하면, 받은 말씀을 한순간에 빼앗긴 채 옛 삶으로 돌아갑니다. 그러면 그 삶이 이전보다 더 곤고하고 힘든 상태가 됩니다.

베드로후서 2:21
의의 도를 안 후에
받은 거룩한 명령을 저버리는 것보다
알지 못하는 것이 도리어 그들에게 나으니라

베드로후서 2:22
참된 속담에 이르기를
개가 그 토하였던 것에 돌아가고
돼지가 씻었다가 더러운 구덩이에 도로 누웠다 하는 말이
그들에게 응하였도다

신앙생활에 변화가 없이 다람쥐 쳇바퀴 돌듯이 늘 그 상태를 반복하는 것은 받은 은혜를 지키지 못하기 때문입니다. 그런 사람은 말씀도 잘 듣고 은혜도 잘 받지만, 그 말씀을 쉽게 잃어버리고 다시 옛 습관으로 돌아가 죄에 빠집니다. 이런 신앙을 반복할수록 그 상태는 이전보다 더 나빠집니다. 왜냐하면 말씀과 은혜를 받고도 그에 합당한 열매를 맺지 못했기 때문입니다.

말씀을 지킨다는 것은 그 말씀을 감정적인 차원에서 즐

기는 것이 아니라 받은 말씀에 즉시 순종하는 값 지불을 하는 것입니다. 받은 말씀의 은혜는 그 말씀에 순종하는 것을 통해 지켜집니다. 은혜를 즐기고 누리기만 하면 은혜는 금방 없어집니다. 오직 은혜로운 말씀대로 순종해서 살 때 그 말씀의 열매가 주어집니다. 예수님은 말씀을 지키는 것의 의미를 좀 더 구체적으로 말씀하십니다.

마태복음 7:24
그러므로 누구든지
나의 이 말을 듣고 행하는 자는
그 집을 반석 위에 지은
지혜로운 사람 같으리니

마태복음 7:25
비가 내리고 창수가 나고 바람이 불어
그 집에 부딪치되 무너지지 아니하나니
이는 주추를 반석 위에 놓은 까닭이요

예수님은 누구든지 말씀을 듣고 행하는 자는 그 집을 반석 위에 지은 지혜로운 사람과 같다고 말씀합니다. 그 사람은 풍랑이 일고 강풍이 불어도 집을 빼앗기지 않고 지킬 수 있습니다. 집을 지킬 수 있었던 것은 말씀을 듣고 순종했기 때문입니다. 마지막까지 무너지지 않는 인생은 말씀에 순종하는 기초 위에 신앙하는 것입니다. 말씀에 순종하지 않는 신앙은 어떤 사건을 만날 때마다 그 터의 기초부터 무너질 수밖에 없습니다.

한 예로 기도에 대한 말씀을 통해 아무리 큰 은혜를 받아도 그 말씀에 순종하여 실제 기도하지 않으면 기도의 능력을 경험하지 못합니다. 그 기도의 말씀을 지키지 못했기 때문입니다. 아무리 기도에 대한 말씀을 통해 자기 문제가 해결될 수 있다는 확신을 받아도 실제 그 말씀에 순종하여 기도하지 않으면 그에 따른 열매를 얻지는 못합니다. 그러나 기도의 말씀을 듣고 그 말씀을 지키기 위해 실제 기도실에 가서 기도할 때, 그 기도에 대한 열매를 얻습니다. 자신에게 전해지는 하나님의 말씀을 순종할 때만 그 말씀을 지킬 수 있고 우리의 삶에 실제적인 열매가 주어집니다.

인내

들은 말씀을 끝까지 지키기 위해서는 인내가 필요합니다. 인내는 자신에게 주어진 고난을 피하지 않고 그 어려운 고난을 끝까지 견디는 것입니다. 누구나 무거운 짐을 지면 그 짐을 내려놓고 싶어합니다. 인내는 그 짐을 진 채로 포기하지 않고 견디는 것입니다. 인내는 쉽고 편안할 때가 아니라 어렵고 참기 힘들 때 필요한 인격입니다.

신앙의 열매를 맺는 과정에는 필연적으로 고난이라는 역경이 따릅니다. 신앙을 지키기 위해서는 세상의 핍박과 환란, 생활고라는 무거운 짐이 주어집니다. 이것이 주님을 따르기 위해 져야 하는 십자가입니다.

이 십자가의 짐을 견디지 못하는 사람은 신앙의 8부 능선까지 와서 신앙을 포기하고 낙심합니다. 인내가 없는 사람은 당장의 어려운 상황을 모면하기위해 피할 길을 먼저 찾고 모든 직분을 다 내려놓고, 포기할 생각부터 먼저 합니다. "직장이 바빠서", "신앙하는 것이 너무 힘들어서", "능력이 안 돼서", "다른 할 일이 많아서" 등 십자가를 지지 못할 이유들만 생각합니다. 인내가 없는 사람은 인내의 단계에서 믿음의 한계로 인해 넘어집니다.

이렇게 우리에게 주어진 시련을 인내로 통과하지 못하면, 더 이상 자기 신앙에 열매 맺을 소망이 없어집니다. 좋은 땅에 뿌려진 씨가 열매를 맺기 위해서는 끝까지 인내하는 인격이 요구됩니다.

로마서 5:3
다만 이뿐 아니라
우리가 환난 중에도 즐거워하나니
이는 환난은 인내를,

로마서 5:4
인내는 연단을,
연단은 소망을 이루는 줄 앎이로다

가을에 열매를 추수할 소망을 가진 사람만 가을까지 인내로 견딜 수 있습니다. 농부가 봄에 씨를 뿌리면 바로 열매가 맺히지 않습니다. 열매에 대한 소망을 믿음으로 바라보는 사람만 끝까지 기다릴 수 있습니다. 그 씨가 봄과 여름을 거쳐 가을이 될 때까지 견디어 남는 씨만 열매를 거둡니다. 봄부터 가을까지의 모든 과정을 통과하기 위해서는 인내가 필요합니다.

봄에 뿌린 씨는 먼저 주위에 무성하게 자라나는 잡초와 끊임없이 달려드는 각종 병충해의 공격을 인내로 견뎌내어야 합니다. 이 과정을 견디지 못하면 그 씨는 봄의 단계에서 그 생명이 끝납니다.

봄의 시련을 통과하면 그 다음에 오는 여름에는 봄보다 더 가혹한 과정이 기다리고 있습니다. 가혹한 비바람과 사나운 태풍이 몰아치고, 무서운 홍수의 재앙이 발생하기도 합니다. 또한 비가 오지 않아 땅이 타들어가는 가뭄과 그 속에 내리쪼이는 강한 햇빛을 견뎌야 하는 시련이 있습니다. 이런 시련은 오직 참고 오래 견디는 인내로만 통과할 수 있습니다.

여름을 무사히 지나면 마지막 과정으로 가을이 옵니다. 가을이 되어 열매 맺을 때가 되면 마지막 시련이 있습니다. 익은 곡식을 빼앗으려고 몰려오는 새들의 집중적인 공격이 있습니다. 이 마지막 시련을 끝까지 인내로 견뎌내는 씨만이 열매를 수확할 수 있습니다. 이 모든 과정을 통과하기 위해서는 반드시 인내가 필요합니다.

우리의 신앙생활에 열매 맺는 과정이 이와 같습니다. 신앙의 열매를 맺기 위한 과정에는 많은 환란과 핍박이 있습니다. 이런 환란과 핍박은 주님을 위해 사는 모든 사람에게 공통적으로 주어지는 과정입니다. 그것을 통해 하나님의 나라에 갈 수 있는 믿음을 연단 받을 수 있기 때문입니다.

마태복음 10:22
또 너희가 내 이름으로 말미암아
모든 사람에게 미움을 받을 것이나
끝까지 견디는 자는 구원을 얻으리라

성도는 이 세상에서 많은 환란, 핍박, 재앙과 더불어 사람들로부터 미움을 받게 되지만 끝까지 그 모든 것을 견디는 자만 구원을 얻을 수 있습니다. 이때 착하고 좋은 마음 밭을 가진 사람만 고난을 끝까지 인내할 수 있습니다. 그 안에 굳은 것, 상처 난 돌부리와 세상적인 가시가 있는 사람은 그 고난의 과정을 인내하지 못하고 넘어집니다.

마음이 굳은 사람은 사람들로부터 애매한 오해와 부당한 대우를 받을 때 분한 감정을 인내하지 못하고 낙심하며 넘어집니다. 돌부리와 상처가 있는 사람은 다른 사람들로부터 억울한 일이나 섭섭한 말을 들으면 혈기를 참지 못하여 인내에 실패합니다. 또한 그 안에 가시가 있는 사람도 세상의 유혹을 인내하며 거절하지 못한 채 넘어집니다. 그래서 마음에 걸림이 될 것이 없는 착하고, 좋은 마음 밭을 가진 사람만이 이런 시련을 끝까지 인내로 감당할 수 있습니다.

이렇게 끝까지 인내하여 열매를 맺기 위해서는 훈련이 필요합니다. 모든 일에 항상 자기를 부인하고, 그 어려운 일에 대해서 자기 십자가를 지고 죽는 연습을 해야 합니다. 십자가의 죽음을 통해 주어지는 부활의 영광을 바라보는 소망을 가질 때 그 십자가를 인내로 통과할 수 있습니다.

결실

이 모든 과정을 끝까지 감당한 마음 밭에 하나님께서 그에 합당한 열매를 맺게 하십니다. 밭의 실제는 그 밭의 열매로 알 수 있습니다. 각 사람의 열매가 그의 신앙의 실제를 나타내기 때문입니다. 실제 삶에 열매가 없는 성경 지식, 신학적인 이론, 많은 직분과 종교적인 지위는 신앙의 실제가 아니라 이념적인 허상일 뿐입니다. 신앙의 열매는 말씀에 순종하는 삶을 실제로 사는 사람에게만 나타납니다. 하나님은 어떤 성경 지식이나 고상한 교리, 거룩한 직분, 아름다운 지위, 크고 중요한 일을 하는 종교적인 행위 자체를 받으시는 것이 아니라 그것을 통해 나타나는 선한 열매를 받으십니다.

바리새인과 서기관은 많은 것을 행하고도 선한 열매보다 나쁜 열매를 냄으로 하나님께 버림을 받았습니다. 그러나 세리와 죄인들은 그런 지식이나 지위가 없었음에도 예수님의 말씀을 듣고 좋은 열매를 맺음으로 그들이 먼저 천국에 갈 수 있었습니다.

신앙의 궁극적인 열매는 죄로 인해 파괴된 우리의 속사람이 예수 그리스도의 형상으로 회복되는 것입니다. 이전에는 어둠에 속하여 가시와 엉겅퀴 같은 죄의 열매를 맺은 삶에서 이제는 빛에 속하여 예수 그리스도의 의의 인격이 형성되는 것입니다. 그것이 말씀에 순종함으로 인해 우리 안에 예수 그리스도의 형상이 회복되는 변화의 열매입니다.

에베소서 5:9
빛의 열매는
모든 착함과 의로움과
진실함에 있느니라

빛의 열매는 내 안에 착함과 의로움과 진실함으로 나타납니다. 그것은 우리의 속사람을 변화시키는 성령의 역사입니다. 성령은 말씀을 순종하는 사람들 안에 예수 그리스도의 새 성품의 열매를 주십니다.

첫째는 성령의 내적인 인격의 열매입니다.

갈라디아서 5:22
오직 성령의 열매는
사랑과 희락과 화평과
오래 참음과 자비와 양선과 충성과

갈라디아서 5:23
온유와 절제니
이같은 것을 금지할 법이 없느니라

성령으로 변화된 예수 그리스도의 사람에게는 그에 합당한 성령의 열매가 나타납니다. 차갑고 냉정하던 마음에 따뜻한 예수 그리스도의 사랑이 생기고, 어둡고 우울하던 마음에 알 수 없는 기쁨이 솟아나며, 다른 사람과 다투며 갈등하던 마음에 서로의 관계가 풀어지며 하나가 되는 화평의 성품이 나타납니다. 조급하며 짜증내고 혈기 내던 성격에 차분하게 오래 참는 인격이 생기고, 인색하고 냉정하던 사람에게 따뜻한 자비의 마음이 생기고, 악하고 괴팍한 사람이 착하게 바뀌고, 게으르고 불성실하며 무책임한 사람이 충성된 사람으로 변화되고, 비판적이고 까다롭던 사람이 온유한 사람이 되고, 방탕하고 무절제한 사람에게 모든 일에 절제력이 생깁니다. 이 모든 것은 말씀에 순종하여 성령을 따라 사는 사람에게 주어진 변화의 열매입니다.

우리 안에 예수 그리스도의 영이요, 생명인 말씀이 살아 있을 때 그런 변화의 성품이 주어집니다. 성령께서 그 말씀을 통해 우리 속사람을 변화시키기 때문입니다. 아무리 악한 사람이라도 그가 옛 사람에서 변화되었다면, 그 안에 예수 그리스도의 영적인 생명이 있다는 증거입니다. 그러나 아무리 신앙을 잘 하는 것처럼 보여도 그의 옛 사람의 성품이 변하지 않는 것은 그 안에 예수 그리스도의 생명이 없음을 나타내는 것입니다. 그것은 예수님의 영이요, 생명인 말씀을 영으로 듣지 못하기 때문입니다.

둘째는 내적인 변화가 있는 사람에게 실제로 외적인 삶의 열매가 나타납니다. 한 영혼을 주께로 돌아오게 하는 구원의 열매와 예수님의 사랑으로 병들고 상처 난 사람을 섬김으로 나타나는 치유와 회복의 열매, 그리고 열방에 하나님의 나라와 복음을 증거하는 사역의 열매 등으로 나타납니다. 이것이 하나님께 영광 돌리는 삶의 열매이자 예수님의 참 제자라는 증거입니다.

요한복음 15:8
너희가 열매를 많이 맺으면
내 아버지께서 영광을 받으실 것이요
너희는 내 제자가 되리라

마음을 바꾸면 인생이 바뀐다

예수님은 우리가 열매를 많이 맺으면 하나님께서 영광을 받으실 것이며, 그로 인해 예수님의 제자가 된다고 말씀하십니다. 우리가 열매를 맺되 30배나 60배보다 100배의 열매를 맺기를 원하시는 것이 예수님의 마음입니다.

이렇게 내적인 풍성한 열매를 맺기 위해서는 내적인 성품의 토양이 좋아야 합니다. 좋은 토양에서 얻게 된 풍성한 열매는 하나님께 영광이 됩니다. 하나님께 영광이 되는 모든 삶은 장차 하나님의 나라에서 자신이 받을 상급이 됩니다. 이것이 이 땅에서 사는 날 동안 우리가 하나님 앞에서 살 수 있는 최선의 삶입니다. 그러므로 우리의 신앙생활의 목표가 하나님의 말씀을 들은 대로 그에 합당한 열매를 맺는 삶에 있어야 합니다.

하나님의 말씀을 들어도 믿음이 자라지 않고, 자신의 삶에 변화가 없는 것은 말씀에 대한 열매가 없는 모습입니다. 그것은 하나님의 말씀이 문제가 아니라 그 말씀을 받아들이는 자신의 마음 밭에 문제가 있는 것입니다. 그러므로 하나님의 말씀을 받지 못하게 하는 자기 마음 자세를 바꾸어야 합니다. 그러면 하나님의 말씀이 다르게 들릴 것입니다. 그 말씀이 우리 영혼에 영원한 생명의 열매를 맺게 할 것입니다.

요한복음 15:5
나는 포도나무요
너희는 가지라
그가 내 안에, 내가 그 안에 거하면
사람이 열매를 많이 맺나니
나를 떠나서는 너희가 아무 것도 할 수 없음이라

포도나무 가지가 포도나무에 붙어 있어야 열매 맺을 수 있는 것처럼 말씀이신 예수님께 붙어 있기만 하면 예수님이 우리 안에 풍성한 열매를 맺게 해 주십니다. 신앙생활을 하는 만큼 그에 합당한 신앙의 열매가 있어야 합니다. 그것이 하나님 앞에 섰을 때 보여드릴 열매입니다. 풍성한 열매로 하나님께 영광 돌리는 삶이 되어야 합니다. 이것이 이 땅에 사는 동안 우리가 추구해야 할 삶의 최고 목표입니다.

나누어 보기

1. 좋은 밭은 어떤 상태입니까?

2. 좋은 밭은 어떻게 열매를 맺게 됩니까?

3. 내가 열매를 맺기 위해 힘써야 할 것이 무엇인가 나누어 보세요.